Senior Traveler's Overland Trucking Tour
to Southwest Africa

아프리카 남서부 오버랜드 트럭킹 투어

남아공·나미비아·보츠와나·짐바브웨
26일 오버랜드 트럭킹 배낭여행

고황기 지음

목차

프롤로그
아프리카에 대한 막연한 호기심 충족 · 6

Chapter 1
아프리카 남서부 오버랜드
트럭킹 투어 준비

Chapter 2
남아프리카공화국 3박 4일 자유 배낭여행

아프리카 여행 1일 차
케이프타운 자유여행 · 21

남아프리카 2~3일 차
남아공 케이프타운 · 29

'노매드 트럭킹' 출발 이모저모
가장 편리하고 안전한 남서부 아프리카 투어 · 40

트럭킹 투어 1일 차
미지·생명의 땅 아프리카와의 설레는 만남 · 47

Chapter 3
나미비아 트럭킹 투어

트럭킹 투어 2일 차
척박한 환경 속 끈덕진 생명력 · 55

트럭킹 투어 3일 차
오지 아프리카의 사막 속으로 더 깊숙이 · 61

트럭킹 투어 4일 차
척박한 자갈밭에도 생명력은 용솟음친다 · 64

트럭킹 투어 5일 차
나미브·나우클루프트국립공원 '수렵금지구역' · 69

트럭킹 투어 6일 차
일생일대의 로망 '듄45'에 오르다 · 78

트럭킹 투어 7일 차
스와코프문트, 사막 끝 해안 도시 · 98

트럭킹 투어 8일 차
꿈에 그리던 스카이다이빙 기회 놓치다 · 104

트럭킹 투어 9일 차
부시맨들의 생활 본거지 '슈피츠코페' · 107

트럭킹 투어 10일 차
코뿔소 · 코끼리 · 사자 · 버펄로 · 표범 '빅5' 조우 · 112

트럭킹 투어 11일 차
에토샤국립공원에서의 게임드라이브 추억 · 123

트럭킹 투어 12일 차
약육강식 고스란히 보여주는 '사파리투어' · 125

트럭킹 투어 13일 차
북한과 더 친한 나미비아 수도 '빈툭' · 130

Chapter 4
보츠와나 트럭킹 투어

트럭킹 투어 14일 차
보츠와나 칼라하리 사막에서의 캠핑 망중한 · 137

트럭킹 투어 15일 차
마운에서 오카방고 델타 경비행기 투어 · 140

트럭킹 투어 16일 차
사자의 버펄로 시식 현장, '살아있는 아프리카' · 145

트럭킹 투어 17일 차 초
베국립공원 생태계 순환과정 목도 · 155

트럭킹 투어 18일 차
초베강 크루즈 투어, 인생 최고 감동 가득 · 161

Chapter 5
짐바브웨 트럭킹 투어

트럭킹 투어 19일 차
일생일대 로망, 빅토리아폭포 돌아보기 · 171

트럭킹 투어 20일 차
노매드 트럭킹 투어 20일 마지막 날의 여유 · 180

아프리카 25~26일 차
아프리카 여정 마무리 귀국의 기쁨 · 185

에필로그
아프리카 남서부지역 여행을 돌아보며 · 188

프롤로그

아프리카에 대한 막연한 호기심 충족

일생에 한번은 아프리카를 둘러봐야 할 것 같은 생각을 늘 해왔다. 왠지 그곳에서는 우리와는 다른 삶을 살 것 같은, 영혼을 불러 함께 생활할 것 같은, 미지의 세상 같은 호기심이 늘 있었다.

1년 전에 다녀온 유럽 일주 여행기를 마무리하면서, 수시로 아프리카에 대한 자료를 검색하게 되었다. 자료를 수집하면서 묘한 매력을 느끼게 되었다. 투박하고 황량한 생활환경 속에서 자연을 숭배하고 어울려 살아가는 삶의 모습이 경이롭다는 생각이 들었다.

자유 배낭여행을 지향하는 나는 몇 가지 문제에 봉착하게 되었다.

첫 번째는 매우 열악한 현지 교통 문제였다. 넓고 넓은 광활한 나라들을 어떻게 이동하여야 할지 걱정이 되었다.

두 번째는 많은 아프리카 배낭여행 경험자들이 올린 관련 자료에는 대부분 현지 치안이 매우 열악하다는 내용 일색이었다. 교통 문제를 해결하기 위해 렌터카 여행을 생각해 보았으나 상당한 비용 문제와 교통 인프라가 열악해 쉽지 않다는 결론에 다다랐다.

그러던 중 치안과 교통 문제를 동시에 해결할 방법으로 세미 배낭여행 형태의 방법을 찾게 되었다. 이는 다름 아닌 '트럭킹 투어'로 생소한 용어였다. 트럭을 버스처럼 개조해서 열악한 현지 교통 환경의 난제를 극복하면서 패키지 여행 형태를 가미한 차선책의 멋진 여행 프로그램이었다. 물론 현지 전문가이드가 동행하면서, 지역의 캠핑 사이트를 이용해서 현장의 생생한 아프리카를 체험하고 곳곳의 명소들을 들러보며 아프리카의 깊숙한 곳까지 탐험하고 체험하는 배낭여행을 가미한 아프리카 여행을 최적화 하는 여행 시스템이었다.

검색 결과 많은 트럭킹 전문여행사들이 있었다. 그중 한국에도 지사를 두고 남부 아프리카에 사무실을 운영하는 (점프아프리카)라는 여행사를 알게 되었다. 도서관에서 트럭킹에 대한 도서를 찾아보니 일부 구간만 참여해서 여행한 분의 이야기를 접할 수 있었다. 그리고 블로그 등의 SNS에 올린, 자세한 관련 좋은 정보가 있어서 점프아프리카 현지 사무실 민경주 팀장님과 연결되었다.

일정 및 비용과 준비 사항, 아프리카 나라별 날씨 등의 자료를 받으면서 점프아프리카 여행사가 노매드트럭킹 여행사와 제휴해서 현지 프로그램을 운영한다는 것을 알게 되었다.

노매드트럭킹 여행사가 아프리카 여행사 가운데 가장 높은 안전성과 인지도를 지니고 있었다. 여행 방법은 남부 아프리카 즉 나아공은 자유배낭여행 4일 그리고 이후 20일은 노매드 트럭킹 프로그램과 함께 여행하는 여정이었다. 전체 일정은 21일부터 45일에 이르기까지 다양한 프로그램이 있었다. 그중 아프리카를 경험하고 느끼는 데 최적화된 일정이 21일 4개국 탐방 일정이었다. 일생의 최고 여정일 것으로 가슴이 부풀어 오르는 이 프로그램 체험 여행자들의 글을 읽고 우리부부만이 경험하기에는 너무 아쉬운 것 같았다. 그래서 내가 속해 있는 산악회 임원들과 공유하고 함께 하려고 했으나 장기간의 여정으로 여전히 사업을 운영하는 분들이라 긴 일정을 하지 못하게 되어 아쉬웠다.

결국 우리 부부만이 가는 것으로 결정하고 6월 초에 점프아프리카 측과 계약을 체결했다. 10월 3일 한국에서 출발해 10월 28일에 입국하는 25박 26일의 일정을 확정하게 되었다.

▲ 듄45의 안개 걷힌 모래언덕 위에 선 필자의 아내

풍화작용으로 형성된 슈피츠코페 지역의 화강암 브릿지

Chapter 1

아프리카 남서부 오버랜드 트럭킹 투어 준비

📍 아프리카 남서부 여행 일정

- 2023년 10월 3일 출발, 10월28일 입국(25박 26일)

(남아공 자유 배낭여행 3박4일, 노매드트럭킹 19박 20일)

✓ **세부 일정**

- 2023년 6월 초: 점프아프리카 한국지사와 계약(노매드트럭킹)

- 2023년 6월 초: 항공권 예매

- 출발: 싱가포르항공 인천 → 싱가포르 → 남아공 요하네스버그(숨은 경로) → 남아공 케이프타운 23시간

- 귀로: 에티오피아 항공 짐바브웨 빅폴공항 → 보츠와나 가보로네(숨은 경로) → 에티오피아 아디스아바바 공항 → 인천(19시간)

📍 (점프 아프리카) 통해 (노마드투어스) 만나다

(점프 아프리카)에서 노마드투어스(Nomadtours)의 여행 일정을 대행하면서 특전을 제공해 주었다. 특전으로는 공항 픽업, 케이프타운 4박 숙박 및 조식 제공, 나미비아 비자 신청 대행, 남아공 심 카드 제공, 트럭킹 집결지까지 데려다 주기, 케이프타운 여행 정보공유 등의 혜택을 주었다. 그리고 민경주 팀장께서 편리하고 안전한 케이프타운 여행에 대한 정보를 상세히 공유해주어 알찬 여행을 즐길 수 있었다. 우리가 묵은 숙소는 케이프타운 중심지에 있었으며 '91 Loop Hostel'로 시티 버스 정류장 5번 홈 근처에 있어서 이용하기 편리했다.

- (노마드투어스) 직원은 19명에 이른다.

📍 여행 준비

남아프리카(남아공·나미비아·보츠와나·짐바브웨) 4개국 총 25박 26일 일정이었다.

남아공은 자유 배낭여행으로 3박을, 점프아프리카에서 숙소 3박과 공항 픽업, 현지 유심 2기가, 남아공 일정 공유 등의 혜택을 주었다.

남아공에서 3박을 하면서 나미비아 비자 취득과 케이프타운 관광 일정을 소화했다. 이어서 노매드트럭킹 팀에 합류해서 21일 동안 4개국의 대자연과 문화를 체험하는 관광을 즐기고 마지막 짐바브웨 빅토리아폭포에서 1박을 더하는 것으로 일정을 확정하는 세부 계획서를 수립했다.

전년도 겨울 66일의 유럽 여행 11개국을 배낭여행 하면서 일상의 짐을 내려놓기로 하고 이를 실현하고자 조그만 밭을 매도하는 등 잘 마무리되었다. 가을철 농사 터전이 없으니 마음이 홀가분했고, 손주들도 좀 더 자라면서 주변 여건이 좀 안정된 것 같아 마음이 보다 홀가분해졌다.

그해 여름 더위가 기승을 부릴 때 충청북도 교육도서관에서 시원함을 누리면서 계획서를 완성하게 되었다. 이어서 항공권과 짐바브웨의 추가 1박 숙소를 확정하게 되었다. 각종 여행 필요 서류 및 의약품 등을 준비했다.

9월 초에 가족들과 여행하면서 무리했는지 대상포진이 와서 2주 정도 치료하게 되었다. 9월 말 추석을 보내고 짐을 꾸리고, 가족들과 출정식을 했다. 귀여운 손주들을 당분간 보지 못하는 아쉬움도 달랬다.

출발일에는 사위 최 서방과 딸, 손주 강이가 청주 시외버스터미널까지 픽업해 주며 환송해 주어 행복한 출발을 하게 되었다.

▲ 듄45의 모래언덕을 배경으로 한 차량

📍남아공 케이프타운 > 빅토리아폭포 25박 26일의 여정

- **Day 1~2** 청주 → 인천 → 싱가포르 → 요하네스버그 → 케이프타운 숙소 → 나미비아비자 테이블마운틴 오르기 → 워터프런트 관광
- **Day 3** 케이프타운 관광·식물원·와이너리 스테이크·워터프런트
- **Day 4** 케이프타운 관광·희망봉·펭귄비치·워터프런트
- **Day 5** 노매드트럭킹 출발 → 세더버그(Cederberg) 도착 → 테이블 베이(Table Bay)에서 테이블 마운틴(Table Mountain) 보기
- **Day 6** 나마콸란트(Namaqualand·서남 아프리카 건조해안 지역) → 오렌지 리버(Orange River) → 스프링복(Springbok) 도착 야생화 → 오후 나미비아 국경 넘기

- **Day 7** 나미비아(Namibia) 가리엡·오렌지(Gariep·Orange) 리버 → 오렌지 강 카누 타기 → 아이스아이스(Ais Ais) 캠프 → 온천 즐기기

- **Day 8** 피시리버캐니언(Fish River Canyon) → 퀴버 트리 숲과 자이언츠 놀이터(Quiver Tree Forest and Giants Playground) → Fish River Canyon에서 아침 일출, 오후 퀴버트리, 돌무덤 보기

- **Day 9** 사막 도착 → 나미브 나우클루프트 국립공원(Namib-Naukluft National Park) → 사막 서쪽 듄이 운집한 지역 → 나미비아 사막 진면목 감상 → 세스리엠 캐니언(Sesriem Canyon)

- **Day 10** 사막 즐기기 → 소서스블레이 모래언덕(Sossusvlei Dunes)·나미브 나우클루프트 국립공원(Namib Naukluft National Park) → 듄즈45(Dune45) 해돋이 감상 → 아침식사 후 사파리차량 → 소서스블 레이 사막 → 데드블레이 방문

- **Day 11** 스바코프문트(Swakopmund) 사막식물 탐사 → 남회귀선 통과, 스바코프문트 도시 도착 → 액티비티 신청 → 롯지 2일 여정 및 저녁 만찬

- **Day 12** 스바코프문트(Swakopmund) 액티비티 즐기기 → 바닷가 감상

- **Day 13** 코리삭스(Khorixas) 화강암 봉우리 스피치코페 감상 → 산(San) 부족 바위 아트(Rock Art) 감상

- **Day 14** 브란트버그 화이트 레이디(Brandberg White Lady) 암벽화 그림 → 브랜트버그(Brandberg) 방문, 오후 카만잡(Kamanjab)으로 출발 → 힘바족 방문

- **Day 15** 에토샤국립공원(Etosha National Park) → 오후 게임드라이브 →

저녁 워터폴 야생동물

- **Day 16** 에토샤국립공원(Etosha National Park) 에토샤 2일 차, 종일 게임드라이브

- **Day 17** 빈트후크(Windhoek) 나미비아 수도 빈툭 → 도시 둘러보기 → 롯지

- **Day 18** 보츠와나·칼라하리 사막(Botswana Kalahari Desert) → 간지(Ghanzi) 보츠와나 방문 → 칼라하리 → 저녁 사막·산(San) 부시맨족 문화체험: 춤·노래 공연 감상

- **Day 19** 콰이(Khwai) 자연보호구역 마운에서 준비 → 2박 3일 사파리, 마운에서 오카방고 델타 경비행기 투어 → 지프차로 이동, 콰이 자연보호지역 들어가며 게임드라이브

- **Day 20** 콰이(Khwai) 자연보호구역 2일 차: 오카방고델타 새벽 게임드라이브 → 모코로(Mokoro·전통 카누)로 타고 오카방고 델타 탐험 → 오후 초베쪽 게임드라이브

- **Day 21** 사부티 게임 리저브(Savuti Game Reserve·오카방고 텔타와 초베국립공원 사이 게임드라이브 종일 4x4차량 타기 → 오후 카세네 마을 노매드와 조우

- **Day 22** 초베국립공원(Chobe Nationai Park): 오전 쉬고 오후 초베강 보트 크루즈 즐기기 → 오전 초베 게임드라이브 옵션

- **Day 23** 짐바브웨 빅토리아폭포(Zimbabwe Victoria Fall): 짐바브웨 입국비자 → 빅토리아폭포 → 다리 둘러보기

- **Day 24** 노매드트럭킹 투어 종료: 아침식사 후 트럭킹 투어 종료 → 한인 가이드와 조우: 빅토리아 지역 관광, 저녁 아프리카 전통 식당과 공연 감상, 수제 맥주로 여정 종료 → 크레스타 호텔 1박

- **Day 25~26** 빅토리아 공항 → 보츠와나 가보로네 → 에티오피아 아다스아바바 공항 환승 → 인천: 딸·사위·손주 강이의 환영받으며 귀가

피시리버캐니언을 하이킹하면서 포즈 취한 한 여행자

Chapter 2

남아프리카공화국 3박 4일 자유 배낭여행

📍인천국제공항에서 출국

✓ 일정

- 2023년 10월 3일 청주시외버스터미널 11시 출발

- 인천공항 1터미널 13시 도착, 싱가포르항공 이용 16시 45분 인천 출발

- 싱가포르 창이공항 22시 도착, 환승 대기 3시간 30분

- 싱가포르공항 10월 4일 01시 30분 출발

- 남아공 요하네스버그공항 06시 10분 도착(숨은 경유 1시간 대기)

- 요하네스버그공항 07시 10분 출발(시차 7시간 늦음)

- 남아공 케이프타운공항 09시 25분 도착, 총 23시간 40분 소요

아프리카 여행 1일 차

케이프타운
자유여행

📍세계 7대 경관으로 불리는 '테이블마운틴'

총 이틀에 걸친 싱가포르항공 안에서의 생활이었다. 인천공항에서 배낭을 수하물로 보내고 검색대를 지나는데 화장품 용량과 접이식 칼로 인해 통과하지 못했다. 다시 밖으로 나와서 작은 포장에 별도로 따로 붙이는 수고를 감당해야 했다. 어쩌면 이는 착각의 결과다.

싱가포르 창이공항에서 환승하고자 3 터미널을 찾는 데 어려움이 있었다. 안내 표시가 애매했다. 승무원에게 물어보니 앞장서서 안내해 줬다. 창이공항은 오래된 건물이란 느낌과 어수선한 일자 모양으로 배치되어 있었고 좀 어두운 느낌이 들었다. 싱가포르항공 기내식은 대체로 훌륭한 편이었다. 수시로 간식 등을 주어 기내서비스가 세심하다는 느낌을 받았다.

환승해 11시간을 비행하는데 다행히 한국 영화를 볼 수가 있어서 지루함을 조금이나마 덜 수가 있었다. 싱가포르항공은 남아공 요하네스버그공항에서 대부분의 탑승객들은 내리고 케이프타운까지 향하는 탑승객은 기내에서 1시간 대기하며 이른바 '숨은 환승'을 하여야 했다.

▲ 케이프타운 테이블마운틴 주변 풍경   ▼ 테이블마운틴을 오르내리는 케이블카

아프리카 여행 1일 차 케이프타운 자유여행

10월 4일, 드디어 아프리카의 남아프리카공화국 케이프타운에 도착했다. 남아공 현지 시각으로 오전 09시 25분에 안전하게 케이프타운에 도착했다. 도착 전 비행기가 케이프타운 상공을 선회하는데 세계 7대 경관으로 불리는 '테이블마운틴'이 선명하게 시야에 들어왔다. 도시 전체를 감싸안고 있는 듯, 신비롭게 보였다. 아담하고 평화스럽게 보이는 케이프타운공항에 안전하게 안착했다.

그곳에서 짐을 찾는데 작은 상자가 보이질 않아 공항 관계자에게 물어보니 옆 출구로 안내해줘 짐을 찾았다.

공항 라운지로 나오니 점프 아프리카 민경주 팀장이 나와 있어서 반갑게 인사하고 케이프타운 건물과 테이블마운틴 관련 설명을 들으며 우리가 묵을 숙소 '91 Loop'에 도착했다. 오전 시간이라 숙소에 짐을 맡기고 이어서 나미비아 비자발급을 위해 움직였다. 시내 중심지에 있는 나미비아 대사관은 평범한 건물로 보였다. 서류를 제출하니 그날 12시경에 발급해 준다고 했다. 보통 다음날 받는다고 하는데 사정이 있어서 일찍 해준다고 했다.

숙소로 다시 들어와 '점프 아프리카' 팀장에게 2기가 바이트 유심을 건네받았는데 케이프타운을 둘러보는 방법을 자세히 알려주어 이를 숙지하고 당일 테이블마운틴 조망이 좋으니 오르라고 귀띔해 줬다. 늘 그렇게 좋은 날이 별로 없다고 했다.

12시경 걸어서 나미비아 비자를 발급받으러 갔다. 그곳에서 우리와 비슷한 연배인 한국인 부부를 만났다. 그분들도 비자 수령하려고 왔다고 했다. 그분들은 세계일주여행 중으로 무려 1년 반을 캠핑카를 이용해 99개국을 거쳐 아프리카까지 왔다고 했다. 누가 뭐래도 '여행의 고수들'이었다. 수원에 산다는 두 분 다 교직에 있었고 은퇴하고 여행길에 올랐다고 했다.

그 고수 부부와 함께 테이블마운틴에 오르기로 하고 도심 5구역에서 데일리 레드 시티버스 표와 테이블마운틴 케이블카 탑승 표를 구매하고 20여 분 만에 테이블마운틴 정류장에 도착했다. 케이블카를 타기 위해 많은 여행객이 줄서 있었다. 언제 타려나 걱정도 잠시 한 번에 65명 정도를 태워 올랐다.

얼마 안 기다려 우리에게도 차례가 왔다. 케이블카는 360° 회전하며 올랐다. 탑승객들이 대부분 아프리카 현지인들이라 검은 피부색에 험한 인상으로 괜히 위축되었다. 그러나 그들은 매우 순박하고 유쾌했으며 늘 웃음을 잃지 않고 친절했다.

테이블마운틴 정상에서 내려다보이는 케이프타운 도시는 오밀조밀 아름다웠다. 테이블마운틴을 바라다보고 있는 사자가 누워 있는 모양인 '라이언 해드'는 아름다웠으며 아프리카에 왔다는 것이 실감이 났다.

테이블마운틴(Table Mountain)은 높이 1,084m로 마치 식탁처럼 평평한 형태가 독특하여 세계 7대 경관에 오르내리는 산이다. 바다가 6천만 년 전에 융기하여 형성되었다고 한다. 케이블카를 타고 오르니 5분 정도 소요되었다. 걸어서 오르면 2시간 정도 걸린다. 정상에 오르니 바람이 몹시 불었다. 산 정상은 평평한 테이블 그 자체다. 넓은 바위로 된 평지, 행성의 어느 곳에 불시착한 것 같은 착각이 들었다. 상상 이상으로 넓은 면적으로 바위산들로 연결되어 있었다. 케이프타운이 한눈에 들어왔다. 아름다운 항구도시와 사자가 누워 있는 형상을 한 라이언 헤드와 힐이 보였다. 아름다운 경관에 한참동안 흠뻑 빠져들었다. 함께한 이수원 씨 부부가 점심 요기를 하자고 해서 산 정상에 있는 레스토랑에 들렸다. 많은 여행객이 자리를 차지하고 있었다. 우리는 조각 피자와 빵 그리고 음료를 시켜 한편 테이블에서 먹고 테이블마운틴 일부를 돌아보기로 했다. 한 시간 정도 곳곳을 돌아보고 날씨가 급변해 서둘러 내려와야만 했다. 우리는 레드라인 버스를 타고 케이프타운 시내를 한 바퀴 돌아서 바닷가에 있는 캠프스 베이(Camps Bay) 마을에 내렸다. 학생들과 시민들이 흥겨운 아프리카 특유의 리듬으로 춤을 추며 관광객들을 반겼다. 현지인들이 아름다운 비치의 바닷가 모래사장에서 선선한 날씨와 관계없이 바다 체험을 즐겼다. 그들은 대서양에서 밀려오는 거친 파도를 즐기고 있었다. 이어서 최첨단 시설로, 상가가 모여 있는 워터프런트(Waterfront) 지역에서 내렸다. 그곳은 레드라인 버스 종착지였다. 거긴 복합 상가 지역이기도 했다. 먹거리 볼거리 쇼핑이 한데 어우러진 바닷가로 테이블마운틴을 한눈에 잘 볼 수 있는 지역이기도 했다. 상가에 들어서니 아프리카 특유의 공예품과 상품들이 진열되어 있었다. 만델라 및 유명인사들의 동상과 활력 넘치는 흑인들의 거리 공연도 볼 수 있었다. 우리는 한 바퀴 둘러보고 어둠이 내려와 숙소 근처에서 저녁 식사를 함께하기로 하고 도시의 큰 건물이 모여 있는 쪽을 향해 걸었다. 가이드는 밤에는 위험하니 우버 택시를 타고 이동하라고 했는데 20분만에 숙소 근처에 무사히 도착해 스테이크 전문 레스토랑에서 스테이크와 아프리카 전통주 '아마눌라'로 요기했다. 아마눌라는 아마눌라라는 야생동물들이 좋아하는 나무 열매를 발효시켜 만든 토속 발효주다. 맛은 과일 향과 캐러멜 향이 첨가되어 달콤하고 부드러운 맛이 오랫동안 입안에 감돌았다. 우리 두 커플은 서로 여행 이야기를 공유하면서 이야기를 나누는데 이수원 씨 부부는 역시 여행의 고수였다. 아프리카에서도 랜터카를 대여했고 미국에서 오는 친구 부부와 합류해서 2~3개월 정도 아프리카 전체를 들러볼 계획을 지니고 있었다. 우리는 거기에 비하면 갓난아기 걸음마 단계다. 서로 용기를 북돋아 주면서 유쾌하게 식사를 즐길 수 있었다.

▲ 케이프타운의 시티투어 레드버스 2층의 모습

▲ 테이블마운틴의 정상에 오른 여행자들

▲ 지각변동으로 융기돼 형성된 거대한 바위산 테이블마운틴 전경

타운 시티투어와 라이언헤드·힐(Hill)

케이프타운 여행 수단과 관련해 가격조건이 가장 저렴하고 편리하면서 안전한 방법이 시티투어 버스를 이용하는 방법이다. 우리 숙소 바로 뒤편 롱스트리트 근처 5번 구역에 이 버스 승강장이 있다. 승차권은 버스 정류장에서 사면 된다. 1일 권은 295랜드, 2일 권은 395랜드인데 종일 오후 6시까지 14개 구역에서 타고 내리며 관광하면 된다. 두 개의 라인으로 구분되어 운영한다. 시내를 중심으로 바닷가를 돌아보는 레드라인과 테이블마운틴 뒤편을 중심으로 한 블루라인을 수시로 바꾸어 타면서 여행하면 된다. 아울러 희망봉 투어 같은 경우는 아침 9시경에 따로 운행한다. 쉽고 편리한 시티투어로 정류장에서 여행지의 입장권도 함께 구매할 수 있다.

남아프리카공화국은 우리나라 12.2배의 면적을 자랑하며 인구는 7,000만 명 정도에 머문다. 통화는 남아공 랜드(IZAK·원화 70원), 시차는 한국보다 7시간 늦으며, 비자는 30일간 무비자이다. 케이프타운 주요 관광지로는 워터프런트 상가 지역과, 테이블마운틴·라이언헤드·희망봉 등이 있다.

해발 669m의 라이언헤드(Lion`s Head)는 테이블마운틴의 일부로 케이프타운의 스카이라인에 중요한 일부분이다. 시그널 힐과 연결되어 테이블마운틴을 가장 잘 볼 수 있는 뷰포인트이기도 하다. 시그널 힐은 사자의 엉덩이라고 표현하기도 한다.

참고로 남아프리카공화국은 수도가 3개나 된다고 한다. 행정수도는 프리토리아, 입법 수도는 케이프타운, 사법 수도는 블룸폰테인이라고 한다. 날씨는 온대의 지중해성 기후로 1월 평균기온 섭씨 20.3°, 7월 평균기온 11.6°로 세계에서 가장 좋은 날씨를 보이는 곳이라고 한다.

▲ 테이블마운틴에서 내려다본, 라이언 헤드와 아름다운 항구도시 케이프타운

남아프리카 2~3일 차

남아공 케이프타운

그토록 바라던 희망봉은 어디에 있나

✓ 일정 : 2023년 10월 5일

☞ 커스텐보쉬(Kirstenbosch)국립식물원, 그루트 콘스탄시아 와이너리(Groot Constantia Wine Estate), 물개섬투어(Hout Bay), 워터프런트(Water Front)

케이프타운 2일째는 시내 관광이다. 시티투어 버스 5번 정류장에서 불루라인을 타고 40분 정도 이동하여 커스텐보쉬국립식물원(Kirstenbosch)에 도착했다. 이 식물원은 테이블마운틴 뒤편으로 입장티켓을 구매하고 들어갔다. 자연

그대로의 숲을 이용해서 잘 조성되어 있으며, 다양한 화초가 지천으로 피어 있었다. 방문 당시는 늦은 봄 시즌이었다. 각종 들꽃과 잘 조성된 계절 꽃들이 무리 지어 피어 있었다.

우리가 알고 있는 조그만 다육식물들이 이곳에서는 큰 나무로 자라나 흐드러지게 꽃이 만개해 있었다. 특히 선인장류는 대부분 거목으로 자라나 있었으며 남아공 국화인 '왕의 꽃 프로테아(King Protea)'가 그 종류도 다양하며 화려한 모습으로 피어 있었다.

우리는 곳곳을 누비며 3시간 정도 힐링의 시간을 보냈다. 이어서 와이너리 정류장에서 다시 레드라인을 타고 30분 정도 이동해서 와이너리 농원에 도착했다. 잘 정리된 포도 농장이 펼쳐져 있었다. 와인 맛 테스팅 체험은 생략하고 점심 시간이라 스테이크로 유명한 레스토랑에서 화이트와인과 여유롭게 스테이크를 먹으며 넓고 넓은 포도농장을 감상할 수 있는 힐링의 시간을 보냈다.

농장은 대개 유럽의 자본에 의해서 운영된다고 한다.

이어서 블루라인을 타고 이동했다. 물개섬을 가기 위해서였다. 훗 베이(Hout Bay)라는 마을에서 내려 바닷가에 있는 투어 업체에 문의하니 오전 10시 이전에 모든 투어가 종료된다고 했다. 다른 업체도 마찬가지였다. 바닷가에는 사람들에 의해 길들여진 큰 물개 한 마리가 재롱을 피우고 있었다. 이어서 워터프런트로 이동해 곳곳을 돌아보고 가이드가 추천해준 맛집을 찾았다. 오션 베이커리(Ocean Bakery) 레스토랑에서 피쉬엔칩과 홍합요리를 맛있게 먹게 되었다. 가성비도 훌륭했다. 어둠이 밀려들어 시내 중심가를 걸어서 숙소에 돌아왔다.

▲ 커스텐보쉬국립식물원 입구

▲ 커스텐보쉬국립식물원을 찾은 여행자들

▲ 커스텐보쉬국립식물원 이모저모

아프리카 3일 차 10월 6일 희망봉은 어디에?

인도양과 대서양이 만나는 아프리카의 최남단 희망봉으로 가기 위해 아침 일찍 서둘렀다. 희망봉행 시티 버스는 아침 09시 40분 발을 타야 한다. 5번 구역에서 희망봉(Cape Point)행 티켓을 사서 조금 기다려 시티 사이트시잉 케이프타운(City Sightseeing Cape Town) 버스를 타고 출발했다. 버스 안에서 볼더스 비치 펭귄 투어 등 입장권에 대해 버스 보조원이 직접 설명하면서 구매를 유도했다.

오늘의 일정은 종일 투어로 2시간 정도 버스로 황량한 땅끝 대지를 지나서 대서양과 인도양을 만나게 된다. 먼저 희망봉 등대를 보고 나서 대서양과 인도양이 만나는 지점에 있는 희망봉(Cape of Good Hope) 일대를 하이킹했다. 이어서 아프리카 펭귄이 있는 볼더비치를 둘러본 후 오후 6시쯤 워터프런트 정류장으로 돌아왔다.

비용도 1인당 15만 원 정도였다.

▼ '시티 사이트시잉 케이프타운' 버스 정류장 주변

숙소에서 조식을 먹는데 주위에 노숙자들이 쓰레기 더미를 뒤지면서 생활용품을 찾는 광경을 볼 수가 있었다. 아침을 먹기 위해 앉아 있는 내 모습이 이른바 부르주아가 된 느낌이었다. 왠지 마음이 편하지 않았다. 2층으로 된 레드버스는 빈자리 없이 여행객들로 가득했다. 2층에 자리를 잡았는데 아침 날씨가 좀 쌀쌀했다.

몇 군데 더 시내를 돌면서 정류장에서 픽업했다. 달리는 동안 어느 행성에 온 듯한 느낌이 들었다. 돌산과 야생화와 늪이 펼쳐지고 2시간 정도 후 국립공원으로 지정된 케이프 포인트(Cape Point)에 도착했다. 내리기 전에 안내원들이 무엇인가를 계속해서 주시시켰는데 우리는 알아듣지 못해 현지 여행객들을 따라가기로 했다. 등대에 오르려니 바람이 거셌다. 안내원이 13시 30분과 13시 50분을 이야기하는데 무슨 뜻인지 이해하지 못했다. 여행자들을 따라 올라 30여 분 정도 땀을 흘리며 오르니 희망봉 등대가 보였다. 하지만 나에게는 그다지 감흥이 와닿지 않았다. 인도양과 대서양이 만나는 지점은 그곳이 아니고 아래로 내려다보는 곳에 있었다. 이와 관련해 공부를 더 하고 왔어야 하는데, 하는 아쉬움이 남았다. 우리는 서둘러 내려와 그곳으로 향했다. 바람이 매섭다 못해 불안했다. 너무 세게 불어서 전진하기가 쉽지 않았다. 40여 분 사투 끝에 희망봉을 만났다. 많은 사람이 줄을 서서 사진 촬영하고 있었다. 그런데 우리 일행들은 보이지 않았다. 무엇인가 잘못된 느낌이 들었다. 다시 돌아가 버스 정류장으로 가기에는 시간이 촉박했다. 우리 버스가 이곳으로 올 것 같으면서도 확신이 없어 여행객들에게 문의해도 모두 모른다고 했다. 뭔가 우리가 잘못 이해하고 판단한 것이 분명했다. 그곳으로 차를 가지고 온 여행객들에게 도와달라고 호소했으나 번번이 거절 당했다. 어느 봉고차 기사에게 요청했으나 투어 온 여행객들의 일정을 무시 할 수가 없다고 곤혹스러워 했다. 그러한 반응에 어쩔 줄 몰라 하는데 건장한 흑인 봉고버스 기사가 우리에게 손짓했다. 투어 여행객들에게 허락을 받았다고 타라고 했다. 천만다행이었다. 우리의 애처로운 모습이 통했던 모양이다. 우리에게 호의를 베푼 이들은 스페인 여행객들이었다. 감사한 마음을 표현하고 20여 분 후 우리 버스가 있는 정류장에 도착했다.

버스에 올라 물어보니 13시 50분에 버스에 모여 희망봉으로 내려간다는 것이었다. 시간이 좀 남아서 점심을 해결하려고 하나밖에 없는 레스토랑에 들려 바게트 빵을 샀다. 우리가 헤매니 옆에 있었던 일본인 학생이 도와주었다. 이어서 우리가 탑승한 시티버스는 다시 희망봉으로 내려가니 웃음이 나왔다. 그러나 우왕좌왕했던 시간을 뒤돌아보면서 사진도 찍고 즐거운 시간을 가졌다. 이어서 아프리카 펭귄이 서식한다는 볼더비치가 있는 사이먼스 타운(Simon`s Town)이라는 마을로 이동해서 해변가 데크를 따라가니 아주 작은 종류의 펭귄 들이 떼를 지어 있었다. 아프리카 펭귄은 작은 종이다.

모든 일정을 우여곡절 끝에 마치고 케이프타운으로 귀환하여 숙소에서 컵라면으로 저녁을 먹고 케이프타운의 3박 4일 여정을 마무리했다. 다음날은 아침 일찍 조식을 도시락으로 챙겨 본격적으로 노매드트럭킹이 시작된다. 얼마나 많은 시행착오를 하면서 여정을 소화하게 될지 설레면서도 걱정스러웠다.

▲ 볼더비치의 아프리카 작은 펭귄 무리(Boulders)

▲ 케이프타운 워터프런트 광장 이모저모

▲ 케이프타운의 상징인 희망봉 주변 풍경

구름에 가려진 테이블마운틴

'노매드 트럭킹' 출발 이모저모

가장 편리하고 안전한 남서부 아프리카 투어

📍아프리카 트럭킹 투어란?

4.5m 길이의 4.5톤 트럭을 버스로 개조하여 20여 명 정도의 다국적 여행자들을 현지 스태프진과 함께 정해진 코스를 여행하는 배낭여행과 패키지 여행이 혼합된 최적화된 아프리카 투어 프로그램이 바로 트럭킹 투어다.

이 투어 프로그램과 함께하는 스태프는 가이드, 요리사, 드라이버 3명이 동행하며 남아공의 자유일정 이외의 나미비아, 보츠와나, 짐바브웨 등 4개 국가의 모든 일정과 투어를 예약·안내해 주어 편리하고 안전하게 여행할 수 있는 시스템이다.

우리는 노매드 아프리카 트럭킹 투어를 대행해주는 한국 지사 격인 '점프아프리카'와 연결되어 있어 쉽고 편리하게 노매드트럭킹 프로그램에 참여 할 수 있었다.

'노매드 아프리카 트럭킹' 여행사는 프로그램도 체계적이고 나름 대기업이라서 텐트와 트럭시설이 양호한 편으로 알려져 있다. 우리가 참여하는 시기가 성수기를 좀 지난 시즌이라 10% 할인으로 생각보다 저렴하게 이용했다.

▲ 트럭킹 투어의 유용한 이용 수단 애마(愛馬) 엘라(ELLA)

트럭킹 투어 이용 시 어려운 점은?

첫 번째는 날마다 이동해서 캠프사이트에 텐트를 설치해야 한다는 점이다. 캠프사이트 숙소를 선택하면 텐트 설치하는 수고는 줄일 수 있으나 비용이 캠핑 이용 시보다 150% 정도 더 높다. 우리는 야생의 진면목을 맛보기 위해 텐트 숙박을 이용하게 되었다. 두 번째는 이동 수단인 트럭의 제반 컨디션이다. 도시 이외 지역은 대부분 사막지역으로 비포장 도로여서 하루 7~8 시간 정도 이동한다는 점이다. 그러다 보니 아프리카 지역에서 즐기는 '엉덩이 마사지'라고 불린다. 에어컨도 없고, 흙먼지를 날리는 곳도 지난다. 우리는 비포장도로를 지날 때는 마스크를 착용하는 지혜로 불편 사항을 극복했다. 매일 자리를 돌려가며 앉아서 앞쪽에 앉는 날에는 이른바 '엉덩이 마사지'에서 자유로웠다.

세 번째로는 화장실 문제로 대부분 2~3시간 정도 이동 시마다 주유소나 쇼핑센터가 있어서 생리 문제를 해결하는데 그러하지 못하는 경우도 있다. 끝없는 사막을 달리는 날에는 작을 수풀 지역을 지날 때 "부시부시"라고 외치면 세워줘서 해결하기도 했다.

네 번째로 언어소통 문제다. 여러 문제 가운데 가장 어려웠던 것으로 아프리카 대부분이 영국식 영어를 사용하는데 나의 짧은 영어 탓으로 이를 이해하는 데 어려움을 겪었다. 이와 관련해 해결책으로 가이드가 매일 저녁 시간에 일정 브리핑을 하는데 그 후 따로 가이드 빅터와 개인 브리핑 시간을 갖고 메모하면서 일정을 꼼꼼히 체크해 나갔다.

▼ 남아공 세더버그 산맥과 평원

📍트럭킹 투어의 장점은?

새로운 인연들과의 만남이라는 게 매력 포인트다. 언어소통은 원활하지 않지만 여행 참가자 모두 유쾌하고 배려해주고, 상대를 편하게 해주려고 노력해주었다.

이 투어 프로그램은 편리하고 안전하다는 게 가장 큰 장점이었다. 전반적으로 아프리카 여행의 가장 큰 걸림돌은 안전 문제와 교통 불편이다. 교통 불편 문제를 극복하기 위해 아프리카를 찾는 많은 여행자들이 렌트카를 이용하려고 한다.

이는 장거리 운전과 혹독한 사막에서의 생활이 만만치 않고 자동차 렌트 비용도 생각보다 많다는 점이다. 그리고 여행지 곳곳을 내비게이션 등을 이용해 찾아다니는 것도 여간 어려운 일이 아니다.

반면 트럭킹은 여행지 곳곳과 안전한 캠프사이트 등의 제반 이용 비용이 저렴하다는데 큰 장점이 있다. 매일매일 텐트를 치고 이동하는 일이 지칠만하면 문명이 있는 도시에 들러 문명의 갈증을 해소해주며 롯지에서 편안하게 숙박하며 체력을 충전할 기회를 제공한다.

다음으로 편리한 출입국 심사 및 비자 준비의 편리성이다.

나미비아 여행 시 비자가 필수요건인데 점프아프리카 한국지사에서 직접 준비해주어서 편리하였다. 남아공 자유여행 일정으로 3박 4일의 숙소를 제공해 주고, 일정을 공유해 주어서 편안하게 남아공 케이프타운을 여행할 수 있다.

노매드트럭킹은 삼시세끼 잘 차려준다는 강점이 있다. 아침은 주로 6~7시경에 시리얼과 빵, 토스트, 과일을 준비해 준다. 점심은 이동 중 도로 옆 나무그늘 밑에서 햄버거, 샌드위치 등으로 해결한다. 저녁은 아프리카식으로 비프, 치킨 커리를 밥이나 파스타에 곁드는 만찬을 준비해 준다. 매일매일 쇼핑센터에 들러 신선한 음식을 제공해 준다. 대체로 맛있게 먹을 수 있는데 식수는 차에 설치되어 있는 정수기를 이용한다. 여행 막바지에는 캠프사이트 마켓에서 시원한 물을 사서 이용하기도 했다. 트럭킹 여행의 구성원은 드라이버 겸 셰프인 차로, 메인 가이드인 빅터, 주방보조인 티치 등 3명의 스태프들과 한국인 우리 부부, 영국인 3명, 독일인 3명, 오스트레일리아 5명, 캐나다 3명 등 16명이 함께했다. 이들 모두는 영어권으로 우리부부만 서투른 소통으로 어려움을 겪었다. 매끼 식사준비 및 설거지는 여행자들이 함께 도와주었다. 우리의 애마(愛馬) 4.5톤 트럭은 엘라(ELLA)라는 애칭으로 우리를 지켜주었다.

4.5톤 트럭을 개조하여 아랫부분은 주방기구, 중간에는 식자재를 싣고 뒤편에는 텐트와 의자를 그 뒤로는 식탁을 싣도록 구성되어 있다. 맨 위쪽에는 여행객들을 싣고, 음식물을 보관하는 간이 냉장실이 있는 다용도 공간이 마련되어 있어서 아프리카 여행에 맞는 트럭으로 개조된 복합 이동 수단이다.

잠자리 수단으로는 16명 가운데 4명만 텐트 숙박을 신청했고 나머지는 숙소를 신청해 편리하게 생활할 수 있었다. 하지만 텐트 팀은 매일 1시간 먼저 일어나 텐트를 걷는 수고스러움을 감수해야 했다. 우리는 침낭을 가져가서 이용했으나 내가 가져간 것은 보온이 잘 안되어 나미비아 사막지역에서는 추위를 느껴 얇은 패딩을 입고 자야만 했다.

▲ 캠프사이트(Marcuskraal)에서의 텐트구축

▲ 세더버그산맥을 넘어 곧게 뻗은 도로와 야생화 풍경

▲ 남아공 케이프타운 테이블마운틴을 배경으로 포즈 취한 필자 부부

▲ 트럭킹 투어 중 중식이 준비되기를 기다리는 참가자들

트럭킹 투어 1일 차

10월 7일: 아프리카 투어 5일 차

미지·생명의 땅 아프리카와의 설레는 만남

✓ **일정**

노매드트럭킹 1일 차
- 91LooP hostel에서 픽업 6시: 노매드와 조우 서류조율 8시 출발
- 테이블마운틴 뷰포인트 및 베이사이드몰에서 쇼핑
- 루이보스농장 꽃차(티) 시음회
- Marcuskraal 캠프사이트에서 텐트구축 및 늦은 점심
- 일정 소개 및 자기소개: 저녁은 캠프사이트 식당에서 만찬

아침 일찍 숙소에서 출발 준비하고 전날 호스텔에 부탁한 도시락을 챙겨 점프

아프리카 픽업을 기다렸다. 밤새 창문이 흔들리는 매서운 바람이 불었다. 케이프타운의 또 다른 거친 기후조건이었다. 테이블마운틴에는 그곳에 머무는 동안 계속해서 구름이 잔뜩 끼어 있었다. 6시 15분쯤 민경주 팀장이 픽업해 줬다. 노매드팀과 만나기로 한 호텔에 도착하니 아직 스태프들이 오지 않아서 챙겨온 도시락을 먹을 수가 있었다. 좀 기다리니 다국적 여행자들이 속속 도착했다. 이어서 노매드 스태프들이 도착해 제반 서류를 작성하고 16명이 트럭 버스에 짐을 실었다. 민경주 팀장이 짐을 편리한 곳을 선점해서 실어줬다. 그래서 여행 내내 편리하게 이용할 수 있었다. 다국적 여행객들 중 유일하게 우리 부부만이 동양인이고, 영어 소통이 원활하지 못했다. 민경주 팀장이 스태프들에게 우리를 특별히 배려해달라고 부탁했다. 이용하게 될 개조된 트럭은 생각보다 컨디션이 좋았다. 우리는 맨 앞자리에 앉아 출발했고, 이어서 가이드가 여행에 대한 설명을 해주며, 매일 자리를 이동하며 공평한 여행을 할 수 있도록 배려했다.

트럭은 24명 정도 탑승할 수 있는 좌석 구조인데 좌석마다 큰 주머니가 있어서 물이나 핸드폰 등을 넣고 다닐 수 있었다. 케이프타운을 벗어나면서 테이블마운틴이 잘 보이는 뷰포인트에 들렀다. 바다와 접해 있는 해안 모래사장에서 구름에 가려있는, 케이프타운을 감싸고 있는 테이블마운틴을 감상했다. 이어서 창고형 마트에 들렸다. 그곳에서 스태프들이 우리가 먹을 신선한 채소와 과일, 식료품들을 구입했다.

이어서 끝이 보이지 않는 평원과 세더버그 산맥이 나타났다. 세더버그 산맥은 대서양을 따라 이어지고 융기하여 솟아오른 듯 평평한 모양을 하고 있는 곳이 많다. 양쪽 산맥 사이로 잘 발달된 평원, 유채꽃과 밀, 초원 지대로 이루어져 있었다.

2시간 정도 달려 산맥을 넘으면서, 꽃차 음료 체험관에 들러 체험 후, 2시간을 더 달려 큰길에서 벗어나, 들꽃이 만발한 조그마한 마을로 들어섰다. 온통 오렌지 나무와 꽃들이 만발해 있었다. 이어서 마르슈카르 캠프사이트에 도착했다. 잔디밭 위에 텐트 설치하는 방법을 스태프 빅터가 시범을 보였다. 생각보다 쉽고 간단했다. 우리는 나무 그늘 밑에 서로 도와서 3동을 구축했다. 그동안 숙소팀들은 숙소에 들어가 휴식을 취하고, 스태프들은 늦은 점심을 준비했다. 늦은 점심으로 샌드위치와 시리얼 과일로 해결하고 각각 자유로이 근처 산책에 나섰다.

오후 5시경에 모여서 미팅 시간을 가졌다. 서로 자기소개하는 시간을 가졌다. 우리는 영어가 원활하지 않아 미리 메모를 준비해서 소개하는 시간을 가졌다.

"I am from Korea. I am 67 yeas old and my name is KO Hoang Gi. My wife is called Shin Dong Nyeo. My job is travel story writer since my retirement. I will share everything with you and have a healthy trip. Thank you!"

캠프사이트 주위를 한 바퀴 둘러본 후 저녁에는 캠프사이트에 있는 식당에서 아프리카 전통음식인 치킨 커리와 와인을 시켜서 만찬을 즐겼다. 식사 후 가이드 빅터로부터 다음날의 일정 관련 정보를 나눴다. 대충 들어봤는데 '점프아프리카' 여행사에서 보내준 일정의 내용 그대로였다. 이번 투어와 함께하는 다국적 여행자들이 각양각색이었으나 여러모로 매우 예의 바르고 친절하며 조심스럽다는 생각이 들었다. 출발 첫날의 이모저모다. 시 한편을 적어봤다.

"미지의 땅 아프리카 어느 마을"

아프리카 미지의 땅 어느 마을에 와 있다.

생면부지의 땅,

전혀 모르는 사람들과 소통하려고 한다.

사방이 오렌지 꽃향기가 진동하는 캠프사이트에 노을이 밀려온다.

요란스러운 새소리도 한몫한다.

아프리카의 작은 마을 저녁은 고요하나 살아 움직이고 있다.

앞뜰에는 오렌지 나무들이 꽃을 피워 온통 향기가 그윽하다.

만찬을 준비하느라 숯 타는 향 내음이 정성스럽다.

아프리카 어느 마을에는 소통하려는 이가 고요한 저녁노을을 즐긴다.

아프리카는 미지의 땅이며 생명의 땅이기도 하다.

난 그곳에서 소통을 위하여 최선을 다하려고 한다.

아프리카의 어느 마을

저녁 준비하는 모습이 누군가의 고향인 듯하다.

▲ 남부 아프리카 어느 첫 번째 캠프사이트 세더버그 마운틴(Cederberg Mountain)

▲ 남아공 세더버그산맥 지대 평원 풍경

피시리버캐니언의 전망대 주변 풍광

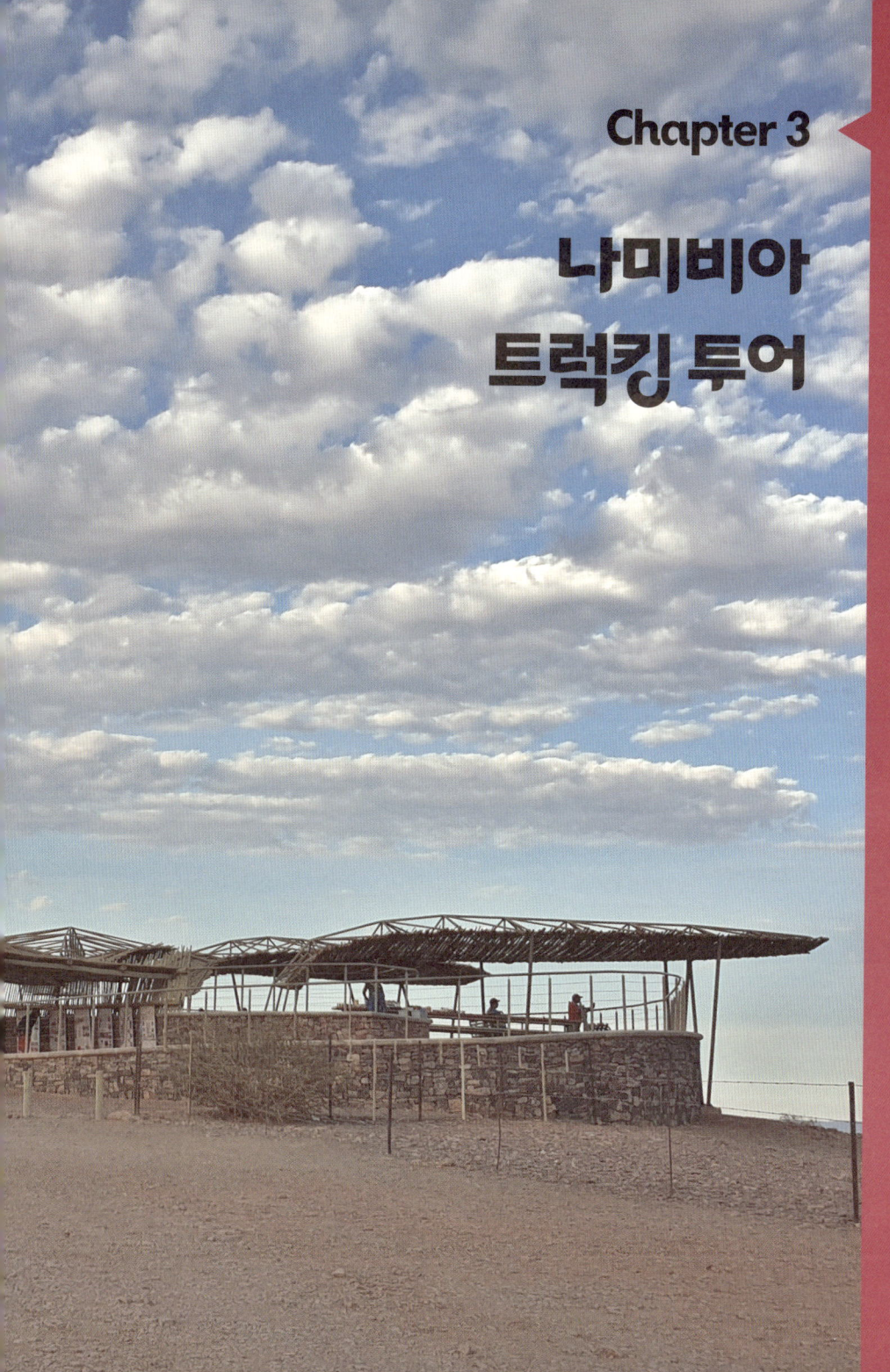

Chapter 3
나미비아 트럭킹 투어

✓ 일정

2023년 10월 7일~10월 19일, 12박 13일

✓ 여행지

나미브사막, 피시리버캐니언, 세스림캐니언, 듄45, 데드블레이, 남회귀선, 스피츠코프, 스와코프문트, 에토샤국립공원, 게임 스테이크(Game Steak)

✓ 나미비아 정보

- 수도: 빈트후크
- 인구: 200만
- 통화 화폐: NAD(나미비아 달러)
- 기후: 카라하리사막과 대서양사이에 위치한 사막기후

트럭킹 투어 2일 차
10월 8일 아프리카 투어 6일 차

척박한 환경 속 끈덕진 생명력

✓ **일정**

아침 6시 조식 7시 출발 → 사막시작 → 국경도시 스프링복(Spring-bok) 휴식 → 야생화 보기 국경 통과 → 나미비아 입국

📍사막의 유혹 '나미브사막'

나미비아는 국토의 80%가 사막인 이 땅은 중앙의 나마콸란드(Namaqua-land) 고원을 경계로 서쪽은 나미브사막, 동쪽은 칼라하리사막이 자리 잡고 있다. 바다와 맞닿아 있는 사막은 세계에서 가장 신비로운 사막으로 꼽히며, 나

미브사막은 척박한 환경 속에서 끈덕진 생명력과 원초적인 풍경을 자랑한다. 해안지역 사막의 절경을 볼 수 있는 스켈레톤코스트(해골해안)와 붙은 사막의 신비로움을 간직한 게 바로 나미브사막이다. 그리고 세계 2대 협곡인 피시리버캐니언과 세스리언캐니언이 있으며 사막을 삶의 터전으로 살아가는 힘바부족과 부시맨의 삶을 만나볼 수 있는 지역이다,

나미비아는 대서양의 해풍과 사막에서 불어오는 뜨거운 바람이 모래언덕 '듄'을 만들어 사막의 비경을 자랑한다.

일찍 일어나 하루를 시작했다. 오전 6시에 유럽 스타일 조식인 시리얼, 빵, 과일 등으로 해결하고 7시에 출발했다. 어둠이 듬성듬성 들어서 있었다. 황량한 사막을 끝없이 달렸다. 별도 따라오고 있었다. 산으로 둘러싸인 들판에는 밀 재배가 한창이었다.

바위투성이 언덕을 오르면서 들판에 야생화가 지천이었다. 남아공 끝자락에서 트럭을 세우고 모두 야생화 삼매경에 빠졌다. 야생화들이 모두 가시를 지니고 있다. 가축들이나 짐승들로부터 자신을 보호하기 위해서 진화된 것이 아닐까 싶었다. 향도 짙고 각각 독특한 형태로 꽃이 피어 있었다. 아름다웠다. 4시간 정도 이동 후 소도시에 도착했다. 마트와 주유소등 모든 것이 구비된 곳 스프링복(Springbok)에 도착했다. 스태프들이 쇼핑센터에서 식료품을 사서 출발했다. 1시간 후 도로 옆 나무 그늘 밑 쉼터에 자리 잡고 미리 준비해 온 샌드위치와 과일셀러드로 점심을 해결하고 출발했다. 이어서 뙤약볕이 내리쬐는 곳에 덜렁 들어서 있는 나미비아 국경 건물에 도착했다. 1시간 걸려 입국 심사를 마쳤다.

나미비아로 넘어오니 기온이 다른 듯싶었다. 햇볕이 따가웠다. 하지만 그늘에 들어서면 시원했다. 전형적인 사막 날씨다. 이어서 오렌지강(Orange River)이 나타났다. 강을 중심으로 채소농장·포도 농장이 잘 정비되어 있었다. 오렌지강 주변에서 나는 채소는 아프리카의 전지역에 공급한다고 했다.

여정 가끔 제법 큰 마을들이 보였다. 강 주변에 원주민들의 집이 들어서 있었다. 1~2평 규모의 양철 지붕 스타일의 집들이다. 이곳 주민들은 주로 오렌지강의 포도농장에서 일하며 생계를 유지하고 있었다. 잘 정리되고 규모가 큰 농장들은 대체로 유럽인들의 자본으로 운영된다고 했다.

국경을 1시간 정도 벗어나서 오렌지강 옆의 전통가옥으로 만들어진 캠프 사이트에 도착해서 텐트를 설치하고, 샤워룸에서 밀린 빨래를 했다. 오후 3시경이 되니 햇살이 강렬해서 금방 말랐다. 저녁으로 여유로운 시간 7시에 아프리카 전통음식 비프커리로 밥과 과일로 푸짐한 만찬을 즐겼다.

▲ 이동 중 도로 옆 쉼터 숲에서 환상적인 점심시간

남아공 끝자락 세더버그산맥 주변에 지천으로 핀 야생화

▲ 오렌지강을 끼고 있는 전통가옥의 마르슈카르 캠프사이트 풍경

트럭킹 투어 3일 차
10월 9일: 아프리카 7일 차

오지 아프리카의 사막 속으로 더 깊숙이

✓ **일정**

오전 카누체험(옵션), 오렌지강 주변 탐험 → 아이아이스 핫스프링스스파앤리조트(Ai-Ais Hot-springs Spa and Resort) 캠프장 이동 → 온천 풀장에서 놀기

오렌지강을 따라서 달렸다. 여전히 포장도로다. 차가 별로 없어서 고속으로 달렸다. 차가 달리면 시원하고, 서면 무더웠다. 나미비아 날씨가 일교차가 매우 컸다. 사막기후인 탓으로 보였다. 낮은 따갑도록 뜨겁고, 저녁에는 서늘하고 밤에는 추웠다. 아침을 늦게 먹었다. 오전에 옵션 프로그램으로 카누체험이 마련

돼 있었다. 일부 여행객들이 출발하고 우리 텐트 팀은 오렌지강 주변 탐사에 나섰다. 특이한 지형으로 화석들이 있을 듯 보였다. 겹겹이 쌓인 돌로 매머드(mammoth)의 흔적들이 보였다. 횡성의 어느 지점에 오지 않았나 하는 착각이 들었다.

강 주변에는 오래전에 사람들이 거주했던 흔적들이 남아 있었다. 물을 공급해 주는 강 주변에 문명의 발상지가 있었던 게 분명해 보였다. 점심 식사 후 다시 출발했다. 가끔씩 사막에 있는 작은 초목 지대가 있는 곳에는 타조들이 보였다. 어느 지점에 들어서부터는 비포장도로다. 사막 위로 나 있는 도로는 대체로 아스팔트와 비슷한 상태였다. 오지로 들어오면서 롤러코스터를 타는 것과 같았다. 진짜 비포장도로를 실감하게 했다. 얼마나 정신없이 오지로 오다 보니 캠프사이트가 보였다. 풀장과 넓은 잔디광장 그리고 군데군데 렌트 차량이 보였다. 그곳이 하룻밤 묵게 되는 아이아이스핫스프링스스파앤리조트(Ai-Ais Hot-springs Spa and Resort) 캠프장이다.

서둘러 텐트 설치 후 풀장으로 달려갔다. 풀장 수온은 좀 싸늘했다. 온천으로 가보니 물이 없어서 방치된 상태로 있었다, 약간의 소금기가 있는 풀에서 몸을 씻고 리셉션에서 와이파이로 소식을 전하고 늦은 저녁으로 스파게티 치킨 커리로 만찬을 즐겼다. 음식은 대체로 우리 입맛에 맞았다. 다음날 일정이 새벽 4시에 일어나 텐트를 걷고 5시에 출발해 사막에서 선셋을 보고 피시리버캐니언을 본 후 전망대에서 아침을 먹는다고 했다. 그래서 일찍 잠자리에 누웠는데 계곡 바람이 텐트를 흔들었다. 자정쯤 되어서 조용해졌다.

종일 거친 나미비아사막과 점점 오지 아프리카의 깊은 사막을 체험했고, 곳곳에 여행자를 위한 캠프사이트가 설치·운영하고 있어 여행자들이 좀 안전하게 아프리카를 여행을 즐길 수 있겠구나 하고 생각했다.

▲ 오렌지강 주변 풍경

▲ 오렌지강 주변에 전통가옥으로 지은 리조트

트럭킹 투어 4일 차
10월 10일: 아프리카 8일 차

척박한 자갈밭에도 생명력은 용솟음친다

✓ **일정**

04시 출발 → 선라이트(sunlight) 감상 → 피시리버캐니언(Fish River Canyon) 관광 → 전망대에서 아침 식사 → 자이언트플레이그라운드 → 퀴버트리 숲(Quiver Tree Forest) 체험 → 호바스 캠프장

피시리버캐니언과 일출을 보기 위해 새벽 4시 30분에 텐트를 걷고 5시 30분경에 출발했다. 험난한 비포장도로를 뽀얀 모래 먼지를 내뿜으며 달빛을 따라 달렸다. 6시 30분경 피시리버캐니언에 도착했다, 전망대를 향해 걸으면서 일

출을 감상했다. 피시리버캐니언은 지각변동과 물의 작용으로 만들어졌다고 했다. 미국의 그랜드캐니언 다음으로 길고 깊고 넓은 캐니언이다. 총 길이가 27km에 이른다. 뷰포인트에서 계곡 풍경을 감상하고 2km 정도 걸어서 또 다른 뷰포인트에 모여서 아침 식사를 했다.

오는 도중에는 황야의 돌 위에 우뚝 솟은 나무가 보였다. 퀴버트리(Quiver Tree: 높이 10m, 줄기의 지름이 1m나 되는 남아프리카 원산의 노회의 일종으로 속이 빈 줄기를 화살통으로 사용)라고 했다. 척박한 바위 지역에서 자라나는 생명력을 지니고 있다. 아침 식사 후 2시간을 달려 세스리엠 마을에 도착하여 대형마트에서 장을 보고 근처 케트만스호프(Keetmanshoop)의 슈첸 하우스(Schuetzen Haus) 캠프사이트에 도착했다.

큰 나무 밑에서 텐트를 설치하고 늦은 점심을 먹었다, 좀 쉬다가 선라이트를 보기 위해 오후 일정으로 자이언트플레이그라운드(Giants Playground)로 갔다. 거대한 현무암들이 겹겹이 쌓여 탑을 이루고 있었다. 말 그대로 '거인들의 놀이터'로 보였다. 오랫동안 바람에 의해서 흙과 모래는 사라지고 바위만 남아 있었다. 넓은 면적의 돌무더기와 틈 사이에는 퀴버트리가 자라고 있어서 아름다운 풍경이었다. 40분 정도 걸어서 돌아보았다. 자연의 위대함을 새삼 느낀 곳이기도 하다. 이어서 퀴버트리(나무) 자생지에 들렀다. 아름다운 퀴버트리(Quiver tree)가 그림 같이 펼쳐져 있었다. 그 끈덕진 생명력이 대단하다고 느껴졌다. 틈새에는 종종 바위너구리가 보였다. 산 토끼와 비슷했다. 퀴버트리는 가이드 티치의 설명에 의하면 부시맨들이 부싯 나무로 사용했다고 한다. 이 나무 속은 부드러운 솜털 같았다. 이어서 어느 캠프에서 운영하는 치타 사육장에 들러서 큰 우리 안에 있는, 고립되어 있는 치타를 볼 수가 있었다.

▲ 사육장에서 보호받고 있는 치타와 관광객

▲ 피시리버캐니언 일출 광경

▲ 피시리버캐니언의 전망대에서 유럽식 아침식사 중인 노매드트럭킹 팀

▲ 사진자이언트프레이그라운드의 돌탑

▲ 끈덕진 생명력을 상징적으로 보여주는 퀴버트리 자생지를 둘러보는 여행자들

트럭킹 투어 5일 차
10월 11일: 아프리카 투어 9일 차

나미브·나우클루프트국립공원 '수렵금지구역'

✓ **일정**

슈테하우스 캠프사이트에서 7시에 출발 → 오전 내내 6시간 사막을 달리다 → 오후 13시경에 해머스타인(Hammerstein) 캠프사이트에 도착 → 오후 휴식 및 주위 산책

슈테하우스 캠프에서 7시에 출발했다. 거칠고 황량한 평원을 6시간 내내 줄곧 달렸다. 중간에 쇼핑센터에 들른 것 외에는 아무것도 보이지 않는 거치른 환경에 살아 움직이는 생명체가 없을 것 같은 평원을 줄곧 달렸다.

13시경 해머스타인 스테이 게스트하우스에 도착했다. 내일 나미브·나우클루

프트(Namib-Naukluft) 국립공원에 들어가기 위해 국립공원 입구와 비교적 가까운 곳에 캠프를 설치했다. 캠프사이트 근처에는 양철 지붕으로 간이 막사 같은 것들이 잡목 사이로 보였다. 원주민들이 척박한 환경에서 억척스럽게 염소들을 방목하며 살고 있었다. 이따금씩 타조들이 보였다. 지구상에 이런 악천후 환경에서 삶을 이어가고 있다는 것이 새삼 경이로웠다. 물이 있을 만한 낮은 구릉지에는 푸르른 생명이 자라고 있었다. 다음날 나미브·나우쿨루프트 국립공원에 들어가는 진입로 지점에 캠프를 설치한다고 했다.

나미브·나우클루프트 국립공원

나미비아 나미브사막(전체 면적 134,000km^2·대한민국 면적의 1.35배) 지대에 자리 잡은 이 공원은 나미비아 남부의 대서양 연안 주변의 건조한 사막 지역에 들어서 있다. 화강암 계곡부터 가장 높은 모래언덕이 펼쳐진다. 생태적·지리적·지형학적으로 매우 특이한 지형으로 23,000km^2의 규모를 가진 나미비아 최대의 국립공원이다. 전형적인 모래사막으로 바람에 따라서 그 모습이 변하는 장관을 이룬다. 동부에는 나우클루프트 산이 자리 잡고 있다.

나미브·나우클루프트 국립공원은 스위스 국토 면적보다 더 넓은 방대한 지역으로 대서양에서 밀려오는 안개가 습기를 제공하며 비는 연평균 106mm 정도로 1년 중 2~4월에 집중적으로 내린다. 아프리카의 넓은 수렵 금지 지역이기도 한데 극히 건조한 지역에는 뱀, 도마뱀 등과 희귀 곤충, 하이에나, 겜스복, 자칼 등을 비롯한 매우 많은 종류의 생물들이 서식하고 있다. 안개에 실려 오는 바람이 공원 내에 주황색의 모래언덕을 형성하며, 모래 속에는 철분이 산화되기에 주황

색은 시간이 지날수록 점차 밝은색으로 보인다. 우리는 이곳에서 부시맨캠프와 듄45 모래언덕, 세스리엠캐니언, 데드블레이, 소수스블레이를 둘러봤다.

▲ 해머스타인 표지판

▲ 해머스타인 캠프사이트에서의 점심 식사

▲ 해머스타인 캠프사이트의 평화로운 모습

▲ 사막의 새집둥지로 뱀 등으로부터 보호하기 위해 나무 끝에 거꾸로 둥지를 짓는다

▲ 해머스타인 캠프사이트 주변에서 망중한을 즐기는 필자 아내

▲ 해머스타인 캠프사이트의 조형물

▲ 해머스타인 캠프사이트 풀장 주변 풍경

▲ 해머스타인 캠프사이트 내부 풍경

트럭킹 투어 6일 차
10월 12일: 아프리카 여행 10일 차

일생일대의 로망 '듄45'에 오르다

✓ 일정

나우클루프트 국립공원으로 출발 05시 30분 → 일출 보며 듄45 오르기 → 현지에서 조식 → 소수스블레이 → 데드블레이 → 사막 도시에서 점심 → 세스림캐니언 → 슬픈 부시맨과 캠핑

아침 일찍 6시에 일어나 사막에 펼쳐지는 일출을 보기 위해 출발했다. 사막 도시 세스림(Sesriem)으로 향해 비포장도로를 달렸다. 많은 다른 여행객들을 실은 차량의 불빛들이 줄을 이었다. 뽀얀 먼지 속으로 2시간쯤 달리자 먼동이 트

면서 모래언덕, 산들이 보였다. 사막 도시에 도착해서 화장실을 다녀온 후 더 깊은 곳으로 달렸다. 모래 산들이 나타나면서 안개가 내려앉은 곳이 보였다. 가끔씩 벌룬이 하늘로 올랐다. 안개 속을 헤치고 찾아 들른 곳에는 많은 차량들이 서 있었고 그곳에는 붉은 모래언덕이 있었다. 모두들 줄지어 올랐다. 안개가 자욱이 낀 능선에 덮여 있었다. 우리도 줄을 따라 오르기 시작했다. 이곳이 듄(Dune)45인 붉은 모래언덕이다. 발이 푹푹 빠져 속도를 내지 못하고 있는데 모래언덕 모서리로 오르라고 귀띔해 줬다. 미끄러지면서 모서리로 안간힘을 다해 오르니 좀 덜 빠지고 걸을 만했다. 벌써 다른 여행객들이 내려오는 이들도 있었다. 안개가 언제나 걷힐는지 걱정을 하며 오르기를 1시간 정도 지났는데 안개 사이로 햇살이 비쳤다. 이어서 실루엣 같았던 모래 산들이 안개를 벗고 나타나니 장관이었다.

모래언덕과 산은 듄(Dune)과 고유의 넘버를 부여받아서 구분하고 있었다. 우리가 오르는 듄45는 가장 아름답고 오르기 쉬운 곳이라고 한다. 대서양에서 불어오는 바람과 사막에서 불어오는 바람에 의해 모래가 쌓여 산을 만들었다니 자연의 위대함이란 실로 대단하다고 느꼈다. 모래언덕의 지형은 매일 바람에 의해 바뀐다고 한다. 오랫동안 정상에서 주위의 아름다움을 감상했다. 골짜기에는 아직 안개가 내려앉아 있고 모래 산들이 아름다운 곡선을 보이며 실루엣처럼 보이니 장관이었다. 어디에서도 이런 광경을 볼 수가 없을 것 같았다. 서둘러 내려오니 우리 팀원들이 트럭 옆에 자리를 펴고 아침 식사를 준비하고 있었다.

야외에서 아침 식사 후 지프차를 타기 위해 소수스블레이 주차구역으로 걸어서 갔다. 블레드에 가려면 지프차로, 아니면 트랙터로 갈아타고 가야만 했다. 길이 모래로 되어 있어서 큰 차로는 이동할 수 없다고 했다. 좀 기다려 4×4 지프차를 타고 달렸다. 엄청나게 전율을 느끼게 운행해서 모두들 탄성을 질렀다. 10여분 정도 이동하니 많은 여행객들이 걸어가고 있었다. 가이드 빅터가 소수스블레이(Sossusvlei)와 데드블레이(Deadvlei)를 보기 전 이 불가사의 생성 배경에 대하여 설명했다.

소수스블레이라는 이름은 혼합된 단어로 '소수스'는 '막다른'을 뜻하며 '블레이'는 '습지'라는 뜻으로 즉 '막다른 습지'를 의미한다고 한다. 아울러 데드블레이는 '죽은 습지'를 의미한다고 한다.

▲ 소수스블레이와 세스림 마을 이정표

이곳에 있는 식물들은 죽지 않고 살아 있다고 하면서 어떤 꽃 봉우리에 물방울을 떨어뜨리니 5분 후 봉오리가 활짝 벌어졌다. 내가 보기에는 생명체가 죽었어도 씨를 퍼트리기 위해 진화된 것 같았다. 수분이 있으면 언제든지 종족 번식을 전개하고 있었다. 모두 모여 함께 출발했다. 발이 모래 속으로 푹푹 빠져서 쉽지 않았다. 햇볕이 따가웠다.

▲ 세스림 지역의 캠프사이트

▲ 듄45의 정상에서 팀원들과 포즈 취한 필자

▲ 듄45 지역 붉은 모래언덕(사구·砂丘)의 변화무쌍한 풍경

▲ 듄45 지역 모래언덕 탐험을 전후로 밑에서 휴식을 취하는 여행자들

1시간 정도 걸어가니 시멘트처럼 회색으로 굳은 지형에 수분 공급 제대로 받지 못해 말라 비틀어져 있는 나무들의 무덤이 있었다. 900년 전에 물이 흐르던 강이었던 곳에 양쪽 모래 산이 형성되면서 소금호수가 되었다. 매우 건조한 환경으로 변하여 나무들이 검게 말라 서 있었다. 데드블레이 면적이 너무 넓어서 다 돌아볼 수가 없어 나오려는데 아내가 늦장을 부렸다. 덥기도 하고 해서 먼저 나오는데, 가이드 빅터가 중간에서 기다려 인계하고 내려오니 우리 팀들이 먼저 내려와 나무 그늘 밑에서 기다리고 있었다. 엉성한 가지만 있는 나무 그늘인데도 시원했다.

▲ 듄45의 정상에서의 필자 부부

다시 지프차를 타고 우리 엘라가 있는 곳에 와서 화장실에 갔다가 나오는데 아내가 불렀다. 그래서 가보니 남아공에서 만났던 이수원 씨 부부를 거기에서 다시 만났다. 반가워서 인사를 나누었더니 함께 여행하는 부부를 소개시켜 주었다. 랜터카 여행으로 두 부부가 여행지를 찾아다닌다고 했다. 진정한 여행자들이라는 생각이 들었다. 오랜만에 친구를 만난 기분이었다. 이어서 사막 도시로 나와 어느 캠프사이트 나무 밑에서 점심을 해결하고 레스토랑에 들러 에스프레소 커피 한잔을 나누어 먹고, 또 다른 여행지 세스림캐니언을 찾았다.

사막 위에 아무런 건물이 없었다. 차에서 내려 티치 가이드를 따라가니 사막 일부가 깊게 내려앉은 동굴처럼 형성된 곳으로 들어갔다. 상당히 깊었다. 상층부에는 자갈과 모래와 흙을 반죽해서 쌓아 놓은 듯했다. 건조한 사막에 어느 시점에서 많은 비가 와서 침식되어 형성되었다고 했다. 깊이 들어가니 30m쯤 되는 듯 깊고 웅장했다. 다시 사막을 달려 부시맨 캠프(Bushmen Camp)에 오후 5시경 도착했다. 부시맨캠프에서 선셋을 보기 위해 부시맨 가이드가 운전하는 지프차를 타고 부시맨의 생활상과 사막에 관한 이야기를 들려주었다.

▲ '막다른 습지' 소수스블레이 지역의 황량하나 그 끈질긴 생명력을 유지하는 나무 주변을 신기한 듯 둘러보는 여행자들

▲ 소수스블레이 일대 탐험은 특수 트럭을 이용해 이동한다

▲ '죽은 숙지' 데드블레이 일대의 황량하기 그지없는 사막길을 둘러보는 여행자들

📍부시맨캠프(Bushmen Camp)

온전하게 이해할 수 없었으나 부시맨 가이드는 할아버지·아버지가 운영하는 농장을 19대째 이어받아서 운영하고 있다고 했다. 가장 중요한 물을 구하기 위해 지하 250m에서 지하수를 끌어올려 캠프를 설치했다고 했다. 차를 개조해서 여행객들에게 정보를 제공하면서 운영한다고 했다. 풍부한 물을 야생동물에게 공급도 해주고 있는데 밤에는 물웅덩이에 야생동물들이 모여 쉬는 모습을 관찰할 수 있었다. 그곳에는 풀이 제법 자라 있어서 우리가 움직이는 차량 주위에는 동물들이 제법 보였다. 특히 긴 뿔을 가진 오릭스(소과의 긴칼뿔오릭스)가 무리를 지어 움직이고 있었다. 차가 움직였다. 잠시 멈추어 서면 부시맨 가이드는 좀 과장된 몸짓을 하면서 여러 이야기를 전해줬다.

📍사막에서의 생존법이란?

부시맨 이야기로는 사막에 비가 오면 어떤 일이 벌어질지는 대해 우리가 생각하는 것과는 다르게 생각했다. 그는 사막에 비가 오면 곧 죽음을 의미한다고 했다. 비가 내리면 고운 모래가 단단히 굳어져서 모래에서 살아가는 작은 곤충들이 죽어가고, 작은 곤충들을 먹고 사는 새와 작은 동물들, 자칼 등이 순서대로 사라지게 된다고 했다. 이어서 풀과 나무들도 강렬한 직사광선에 의해 다시 말라 죽어버려서 아무것도 살아갈 수 없는 땅이 된다는 것이었다.

가이드는 이에 덧붙여서 사막에서의 생존 방법을 이야기해 줬다. 사막에서 길을 잃어버리면 낮에는 높은 곳으로 가서 기다리고, 밤에는 평야로 내려와서 기다려야 생존 확률이 높다고 했다. 그러하지 않으면 야생동물들에 의해 희생된다고 했다. 그리고 바람이 불어오는 바다를 향해 움직이면 사막 하이에나에 의해 죽임을 당할 우려가 크다고 했다. 사막에서 물을 구하는 방법은 살아 있는 도마뱀이나 곤충을 먹는 방법이 있으며, 비가 올 때 나무 밑에서 비를 피하면 치명적인 벼룩이 나무에서 달려들어 죽임을 당한다고도 했다.

슬픈 부시맨 이야기

부시맨이 지금은 많이 사라져 그 명맥만 유지하고 있다고 했다. 부시맨이란 오래된 인류 중에 가장 오래된 부족이자 아프리카 전통 부족이라고 한다.

사냥을 통해 먹고 살아가는데 부시맨이란 이름은 서양에서 넘어온 이주자들이 붙인 이름이라고 한다. 독일인과 네덜란드인들이 새로운 땅을 개척하기 위해 부시맨 지역으로 들어와 그들과 경쟁하면서 화살로 대적했으나, 서양인들에게 많은 죽임을 당해 지금은 협소한 일부 지역에서만 남게 되었다고 한다.

오늘날의 산 족은 전통적인 부시맨과 매우 닮아있다고 한다. 사냥하면서 살며 특히 독화살을 이용해서 사냥하며, 사냥한 것은 꼬리를 잘라놓아 주인이 있는 사냥감으로 표시하며, 다른 부족들도 그 소유권을 인정했다고 한다.

큰 동물을 잡았을 경우 모든 부족이 함께 모여 배가 터지도록 성대하게 먹고 즐겼다고 한다. 그들은 한꺼번에 많이 먹어서 복부의 가죽이 늘어나 주름이 많이 생겼다고 한다. 오늘날 산 족들은 정부에서 교육 혜택을 제공하여 교육받은 산 족들은 도시로 나가고, 귀향하게 되면 생존법을 체득하지 못해서 더 이상 부족 구성원으로 생활하지 못한다고 했다. 그러다 보니 점점 부시맨들이 사라져 간다고 했다.

밤이 되어서 캠프에 들어오니 가이드들이 텐트를 이미 설치해 놓았다. 우리는 늦은 저녁 만찬으로 하루 여정을 마감했다.

▲ 세스림캐니언의 침하된 협곡 일대를 둘러보는 여행자들

▲ 해질녘 부시맨 이야기를 들려주는 현지인 가이드

▲ 사막 그늘에서 점심 식사준비를 도와주고 있는 필자의 아내

▲ 세스림 캠프 지역 나무에 들어선 새 둥지

트럭킹 투어 7일 차
10월 13일: 아프리카 여행 11일 차

스와코프문트, 사막 끝 해안 도시

✓ 일정

사막 즐기기 → 남회귀선 통과 → 스와코프문트 도시 → 액티비티 신청 → 숙소 롯지에서의 2박 3일

부시맨 캠프(Bushman Camp)에서 일출을 보고 7시에 출발해서 바닷가 도시인 스와코프문트로 향했다. 사막을 계속해서 질주했다. 생명이라곤 살 것 같지 않은 거친 사막이었다. 비포장도로의 연속이었다. 엉덩이가 불이 났다. 어느 지점에서 차가 멎었다. 도로 양쪽에는 같은 표시판이 있었다. 거기가 '남회귀선

▲ 남회귀선 표지판

(Tropic of Capricon)'이었다.

이곳은 정확히 남위 23도 26분 12에 위도선으로 북반구의 동짓날 태양이 가장 높게 뜨는 지점이다. 이 선을 기준으로 열대와 온대를 구분한다고 한다. 그리고 하짓날 정오에 태양이 90도로 통과하여 그림자가 없다고 한다. 여행자들의 스티커가 빽빽이 붙여져 있었다. 반대편은 북회귀선 표지판이 있었다. 이어서 바위투성이인 계곡을 달렸다. 그 황량한 사막 벌판에는 생명체라곤 하나도 없어 보였다. 그 광경을 바라보고 있지나 내 마음까지 황량하고 삭막해지는 것 같아 마음이 아팠다. 그러던 중 사막을 달리다가 멈춘 곳에서 가이드 빅터는 말라 비트러져 있으나 분명히 살아있는 한 식물이 있는 곳으로 우리를 데려갔다. 생존이 불가능해 보이는 사막 한가운데서 그 끈덕진 생명력을 뽐내며 간신히 버티고 있는 그 주인공은 다름 아닌 웰위치아 미라빌리스(Welwitschia Mirabilis), 그야말로 기적의 식물이다. 1860년 아프리카의 앙

▼ 불가사의한 생명력을 자랑하는 웰위치아

골라에서 이 기적의 식물이 처음 발견하였는데 남서 아프리카 해안 근처의 나미브 사막 등의 골짜기에만 자생한다고 한다. 분류학적으로는 마황(麻黃)에 가까운 희귀식물에 목질(木質·목재와 같이 단단한 성질)인데 척박한 사막 환경에서 살아남기 위해 그렇게 창조된 듯 보였다. 높이는 50~60cm에 이르고 줄기는 거꿀 원뿔형으로 지름 1m 내외이며 가장자리에 2개의 벨트 같은 잎이 달려 있다. 잎은 매년 자라는데, 오래된 것은 찢어지고 비틀리며 길이는 3~3.5m에 달하기도 한다.

웰위치아를 바라보며 지금 이 순간 우리가 살아 숨 쉬며 움직이고 있다는 게 얼마나 감사한지 모른다는 생각이 불현듯 들었다.

두 번째 애마 엘라가 멈춘 곳은 문 랜드스케이프(Moon Landscape) 뷰포인트다. 가이드 빅터가 이곳 사막에 관한 이야기를 했다.

▲ 웰위치아 희귀식물 주변에 모여 불가사의한 생명력을 자랑하는 웰위치아에 대한 설명을 경청하는 여행자들

두 남자가 황망한 사막에서 2년 동안 살다가 한 사람이 병에 걸려서 떠날 수밖에 없었다고 한다. 뷰포인트에 오르니 바위산들이 온통 겹겹이 바위를 쌓아 놓은 듯했다. 이곳이 먼 옛날에는 바다였고, 융기하여 지금의 모습으로 되었다고 한다.

▲ 바다가 융기하여 형성된, 황량하기 그지없는 지형,
　문 랜드스케이프 뷰포인트를 둘러보는 여행자들과 문 랜드스케이프 일대 풍경

누가 뭐래도 장관이었다. 이어서 달리고 달려서 오랜만에 문명 도시에 도착했다. 스와코프문트(Swakopmund)는 사막 끝에 있는 해안 도시다. 독일 식민지 시절에 건설되어 유럽식 건물들이 많이 보였다. 우리는 여기서 2박 3일 롯지 숙소에서 지내며 모처럼 문명의 혜택을 누리게 되었다. 먼저 디저트 익스플로어스(Desert Explorers) 액티비티 전문회사에 도착해 여러 종류의 액티비티에 대하여 영상으로 안내를 받았다. 각자 하나를 선택하는 데 아내는 고심 끝에 돌핀크루즈를, 나는 스카이다이빙을 신청했다. 16명 중 나만 스카이다이빙을 신청했다. 모두들 나의 용기에 박수를 보냈다. 나는 트럭킹 투어를 오기 전부터 이곳에서 일생 한번 도전하고 싶어서 고가의 비용에도 신청하게 되었다. 다음날 아침 9시 30분에 픽업을 온다고 했다. 팬션 식 숙소에 짐을 풀었다. 텐트를 설치하지 않아서 편안했다. 가정식 호텔이다. '하우스 가른손(Haus Garnson)'이다. 저녁은 팀원 모두 함께 좋은 레스토랑에 가기로 했다. 나폴리

▲ 야생동물 스테이크(game grill: 오릭스·스프링복(임팔라)·쿠드·얼룩말 고기)

타나(Napolitana) 레스토랑으로 차로 5분 정도 이동했고 각자가 매뉴을 시키는데 우리는 크림 파스타와 야생동물 스테이크(game grill)과 와인을 주문했다. 야생동물 스테이크에 대해 조금은 걱정했으나 의외로 부드럽고 맛이 있었다. 스테이크는 4종류로 오릭스, 스프링복, 얼룩말, 쿠트 였으며 가격은 총 450란드로 우리 돈 3만원 정도의 만찬이었다. 이어서 아프리카 원주민들이 나와서 즉석 공연을 펼쳤다. 아카펠라 및 전통 노래와 춤을, 아내가 대표로 그들과 함께 어울려서 춤을 추었다. 멋진 추억의 만찬 저녁이 되었다.

트럭킹 투어 8일 차

10월 14일: 아프리카 여행 12일 차

꿈에 그리던
스카이다이빙 기회 놓치다

✓ **일정**

스와코프문트에서 액티비티 및 바닷가 돌아보기

오랜만에 문명의 혜택을 받아 호텔 조식을 맛있게 먹었다. 아내는 돌핀 크루즈를 체험하기 위해 7시 45분에 픽업 차량으로 호주에서 온 자매들과 함께 출발했다. 나는 9시 40분에 픽업 온다고 해서 기다리는데 사막 지역인 그곳에 이슬비가 내렸다. 날씨가 흐리고 심상치 않아서 가이드 빅터에게 "오늘 스카이다이빙 하는데 문제없는지?"를 물어보니 일기예보에는 날이 좋아진다고 해서 문제없을 것 같다고 했다. 준비하고 기다리니 9시 40분에 픽업을 왔다. 이어서 다른 호텔에서 중국인 2명을 픽업하고 15분 후 스카이 다이빙 스쿨에 도착해서 서류를 작성했다. 중국인 한 명이 체중이 너무 많이 나와서 체중계가 측정 불가라고 했다. 100kg 이상이면 다이빙하는데 어려움이 있다고 했다. 스카이다이빙 비용은 4,200 나미비아달러에 케메라 맨 사진 촬영 비용 1,200나미비아달러 등으로 우리 돈 총 38만원으로 얼핏 비싸 보이나 내가 이용한 업체가 가장 저렴했다. 비용 결제는 다이빙 후 지상에서 촬영한 영상을 확인하고 지급하면 된다고 했다. 현실적이고 믿음이 갔다.

이 업체의 스태프는 2~3시간 기다려야 한다고 했다. 기상 조건과 준비 문제인 듯했다. 레스토랑에서 커피 한잔을 마시고 마냥 기다렸다. 점심시간이 다 되어서도 아무런 소식이 없어서 대기하던 6~7명이 우왕좌왕하는데 스태프가 나와서 우리를 부르더니 오늘 기상 조건에 문제가 있어서 비행할 수 없다고 했다. 그 이유는 구름이 끼면 영상을 촬영할 수 없다고 했다. 허탈했다. 오랜만에 내 삶의 버킷리스트를 이루고자 했는데, 운이 없어 하루를 허비한 것 같아 허전했다.

다시 픽업 차량으로 돌아와서 숙소에서 가볍게 컵라면으로 점심을 해결하고 나미비아 심카드도 구입할 겸 해서 우체국에 들렀는데 오늘이 휴일이라고 했다. 이어서 재래시장에 들러 원주민들의 미니어처 작품들을 구경하고 바닷가를 돌아보고 숙소로 돌아오

▲ 스와코프문트의 바닷가로 가는 길

▲ 바닷가 레스토랑으로 가는 데크

는데 아내가 나를 불렀다. 아내도 픽업 차량으로 오다가 나를 본 모양이었다. 함께 유명한 슈퍼마켓을 둘러보았다. 한국의 라면이 있었으나 매우 비쌌다. 신라면 한 개에 2,800원이었다. 숙소에서 좀 쉬다 저녁은 각자 해결하는 날이라 우리는 6시경에 숙소를 나섰다. 숙소에서 멀리 떨어지지 않은 곳에 '올드 세일러 스와코프문트(Old Sailor Swakopmund)'라는 맛집이 있어서 들렀는데 만석이었다. 예약이 필수라고 했다. 그곳이 스테이크와 맥주로 유명한 곳이라고 했다. 어제 먹던 곳이 생각나서 나폴리 레스토랑을 경찰에게 물어서 찾아갔다. 파스타와 오징어링, 해산물과 와인을 시켜 먹고 숙소로 귀환했다.

▲ 스와코프문트 전통 재래시장의 나무 공예 가게

트럭킹 투어 9일 차
10월 15일: 아프리카 여행 15일 차

부시맨들의 생활 본거지 '슈피츠코페'

✓ **일정**

코리사드 지역 370km 이동 → 슈피츠코페, 부시맨 파라다이스

편안했던 스와코프문트에서의 2박 3일 여정을 마치고 아침 10시에 코리사드 지역으로 출발했다. 다시 황량한 사막을 향해 출발했다. 숙소에서 출발할 때 3명이 합류했다. 부부와 중학생 자녀 캐나다인이었다. 사막을 달리자 조금씩 나무들이 보였다. 몇 시간을 달렸는지 엉덩이와 허리가 피곤했다. 그날은 유독 맨 뒷좌석이라 더 심했다. 앞 의자의 주머니를 한 손으로 잡고 덜컹거릴 때 반동

을 줄이며 순응해 나아갔다. 11시가 다 되었다. 길가에서는 원주민들이 조그만 천막 움막에 의지하고 살아가며 관광상품을 판매하고 염소를 기르고 있었다. 드디어 차가 멈추었다. 화강암으로 된 높은 봉우리인 슈피츠코페(Spitzkoppe)가 나타났다. 독일어로 '뾰족한 돔'이라는 뜻이다. 화강암으로 사막에 우뚝 솟은 돌산으로 해발 700m에 이른다. 부시맨들의 생활 주거지로 그들이 살아오면서 남긴 부시맨 패인팅 흔적이 남아 있다. 여기서 입장료를 내고 산 부족 부시맨 가이드와 함께 부시맨 페이팅을 보러 갔다. 부시맨들은 큰 바위 밑에 생활 근거지를 마련해 살면서 각종 천연염료로 그림을 그려 놓았다. 야무지게 생긴 현지인 부시맨 가이드가 그림에 대하여 설명해 줬다. 동물 사냥하는 그림이 대부분이었다. 그리고 가이드는 산 부족의 언어를 흉내 내 신기하고 재미있기도 했다. 이어서 조금 걸어서 화강암이 풍화작용에 의해서 구멍이 뚫린 브릿지(bridge) 바위를 보고 간이 캠프사이트에서 점심을 먹었다.

독일인 젊은 여성이 나이 지긋한 영국인 여행객에게 심부름을 시키는 광경이 동양인인 나에게는 너무 예의 없고 충격적이었다. 이후 그 독일인 젊은 여자의 행동이 눈엣가시처럼 여겨지는 문화충격으로 인해 여러모로 편하지 않았다. 오후 내내 달리고 달려 코리사드의 브랜트버그 화이트 레이디 롯지(Brandberg White Lady Lodge) 캠프장에 도착했다.

📍부시맨 페인팅

큰 화강암 바위 밑에 건조하고 햇볕이 들지 않은 곳에 생활 근거지를 삼아 생활하면서 그린 그림으로 언어소통과 업적을 남기기 위해 그린 그림이다. 건조하고 햇볕이 들지 않아 지금까지 보존되어 오고 있다고 했다. 그 그림은 주로 나무 열매나 색이 있는 돌로 그려졌다고 한다.

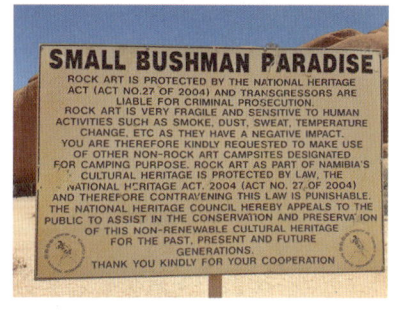
▲ '스몰 부시맨 파라다이스' 안내판

▲ 해발 700m의 슈피치코페 화강암 봉우리

▲ 슈피츠코페 지역의 바위산 주변 풍경

▲ 풍화 작용에 의해 형성된 화강암 브릿지의 위용

트럭킹 투어 10일 차
10월 16일: 아프리카 여행 14일 차

코뿔소 · 코끼리 · 사자 · 버펄로 · 표범 '빅5' 조우

✓ **일정**

브랜트버그 화이트 레이디(Brandberg White Lady), 암벽화 방문 → 오후 카만잡(Kamanjab) 힘바 부족 방문

아침 6시 30분에 조식 후 출발 비포장도로를 달렸다. 작은 수목으로 이뤄진 평원이 펼쳐졌다. 도로변에는 개인의 농장인 듯 경계선 표시가 되어 있었고 가끔씩 가축을 방목하는 곳도 있었다. 원주민들은 태양을 피하는 조그만 천막에 의지하여 살아가고 있었다. 11시경에 브랜트버그(Brandberg) 지역에 도착했다.

브랜트버그산은 나미비아에서 제일 높은 산으로 '불타는 산'이라는 의미를 지니고 있으며 계곡 바위산 밑에는 부시맨들이 살았던 곳이기도 하다. 우리는 이곳에서 화이트 레이디(White Lady)라는 곳으로 찾아갔다. 이곳은 부시맨들이 살았던 곳으로 옛 흔적인 벽화를 그려놓은 곳을 둘러보기 위해서였다. 왕복 8km를 걸어서 갔다 왔다. 뙤약볕이 내리쬤다. 일행 모두 물과 모자를 준비하고 출발했다. 모래와 바위로 이루어진 계곡 길을 걷는데 몇몇 분들이 힘겨워했다. 먼 옛날 원주민들은 큰 바위 안쪽 그늘진 곳에 벽화를 그려 놓았다. 야생동물들과 그들의 사는 모습을 그린 듯 보였다. 그림을 감상하고 땀을 흘린 후 내려와서 어느 마을 나무 그늘 밑에서 점심을 먹는데 그늘 밑인데도 무더웠다. 거기가 나미비아 북쪽 내륙에 속한 곳으로 적도와 가까워서 그런 듯 보였다.

오후에 카만잡(Kamanjab)이라는 도시에 도착해서 현지 돈이 필요해서 ATM기에서 나미비아달러 3,000달러를 인출했다. 힘바 부족을 만나기 위해서 현지 가이드에게 130 나미비아달러를 주었다. 힘바족에게는 생활필수품을 각자 준비해서 증정하기도 했다. 우리는 파스타와 쌀을 마트에서 준비해 가져갔다. 우리의 행위는 '공정여행(fair travel: 여행지의 환경에 해를 끼치지 않고, 여행지의 현지 문화를 존중하며, 여행지의 주민들에게 적절한 비용을 지불함으로 지역 경제에 혜택이 돌아가도록 노력하는 대안적인 여행)'의 한 방편이라고 생각했다. 우리 일행 12명이 원주민 마을을 방문했다. 흙으로 지은 집과 그들의 생활상을 엿보았고, 마지막으로 그들이 우리를 환송해 주는 즉석 공연도 함께할 수 있었다. 어린이들이 많이 있어서 안타까우면서 한편으로 희망을 보는 것 같았다.

그날 이용한 캠프사이트는 시설이 좋았다. 텐트 설치 후 맥주 한잔으로 잠시나마 여독을 풀었다.

오후 일정으로 에토샤국립공원 사파리투어, 즉 게임 드라이브에 나섰다. 4x4 지프차에 몸을 싣고 비포장도로를 달리며, 거치른 초원에서 자유롭게 움직이는 동물들을 보기 위해서 옵션으로 차량 2대에 나눠서 12명이 출발했다. 게임 드라이브에서 동물들을 보는데 '빅5' 동물을 보는 게 게임드라이브다. 여기서 빅5는 코뿔소, 코끼리, 사자, 버펄로, 표범을 가까이서 보는 것을 뜻한다. 우리는 가장 보기 어렵다는 코뿔소를 가장 먼저 만났다. 물웅덩이를 만들어 놓은 곳으로 큰 코뿔소가 나타났다. 이어서 가장 많이 보는 코끼리 가족들과 기린이 보였다. 집단으로 이동하는 스프링복 즉 임팔라와 쿠드·오릭스·얼룩말 등이 무리를 이루어 다녔다. 이어서 가이드가 보기 어렵다고 말한 사자를 찾았다. 그늘 밑에 쉬고 있는 사자 무리를 봤다. 사자는 낮에는 그늘 밑에서 쉬고 허기지면 밤에 집단으로 이동하면서 사냥을 한다고 했다.

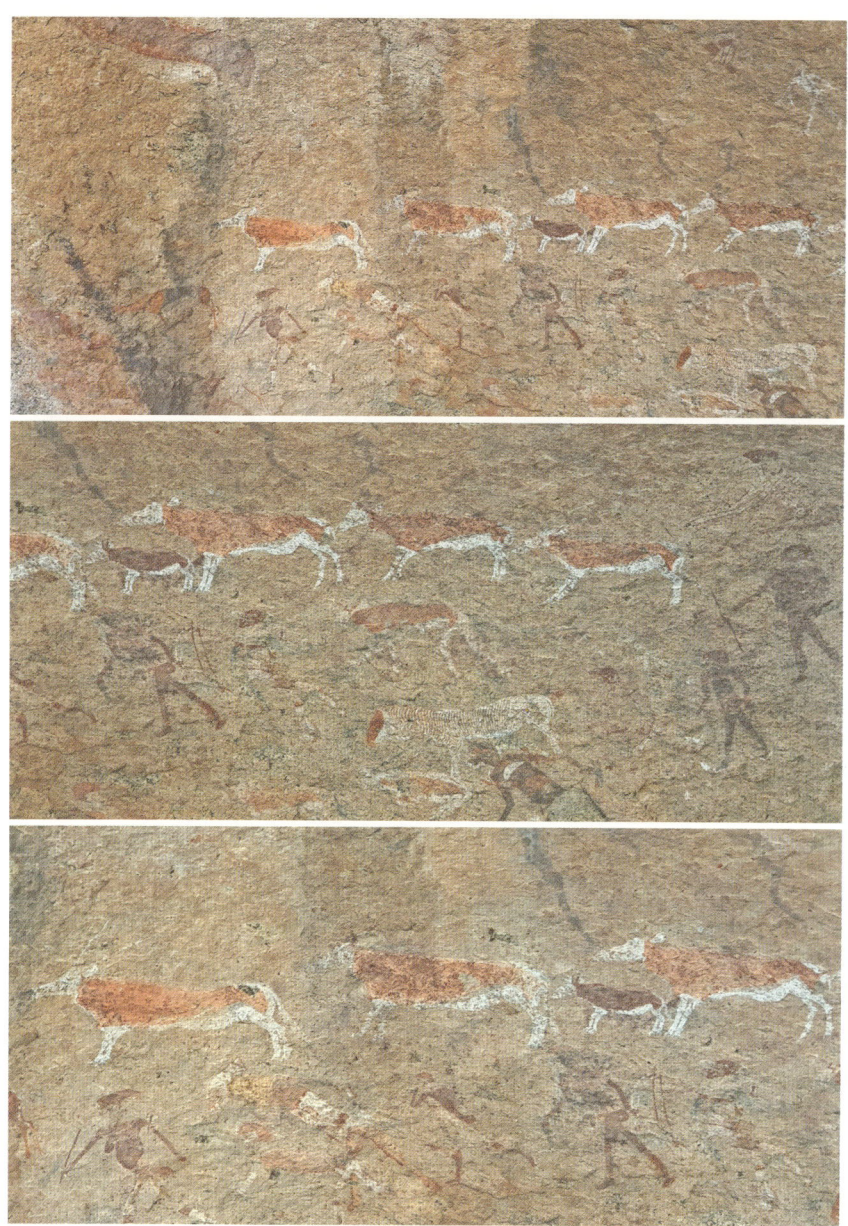

▲ 부시맨, 산 부족이 그린 그림 생활상과 동물 관련 벽화

▲ 화이트 레이디(White Lady) 지역의 부시맨 벽화 지대를 둘러보는 여행자들

📍힘바(Himba) 부족

목축(牧畜: 소·말·양돼·지 따위의 가축을 많이 기르는 일)하며 살아가는 유목민으로 오늘날까지 전통 생활방식을 유지하며 나미비아 북쪽의 여러 곳에 흩어져 정착하며 살고 있다. 우리 일행이 방문한 곳은 20여 가구가 원형으로 된 흙집에서 올망졸망 살고 있으며, 남자들은 낮시간 대부분을 밖에서 염소들을 돌보기 위해 있으며 여자들은 관광객들을 상대로 기념품을 팔면서 생활하고 있었다.

▲ 힘바 부족 전통마을 생활상 이모저모

힘바족 여인들의 독특한 머리 모양

아프리카에 유일하게 자기만의 전통을 2,000년 넘게 지키고 살아온 부족의 여인들은 머리카락을 붉은색 돌가루를 우유 지방과 함께 섞어 만든 재료를 바른다고 한다. 힘바족 여인들은 염소 가죽으로 만든 짧은 치마로 아래를 가렸으나 유방은 그대로 드러내 보였다. 힘바족은 전통적으로 어린이도 결혼할 수 있다고 한다. 남편과의 잠자리는 초경 후에 하고 일부다처제로 여러 명의 아내를 둘 수가 있다고 한다. 소나 양 같은 가축 5마리 정도만 건네주면 아내를 구할 수 있다고 한다.

▲ 힘바 부족 여인들이 방문객들과 헤어지면서 펼치는 작별 공연

📍워터풀(water pool)

나미비아 오초아나 지역의 사막에 야생동물을 위해서 물웅덩이를 인공적으로 만들어 놓은 곳이 50여 개 정도가 있다고 한다. 갈수기(渴水期 또는 한발기·루 魃期로 하천의 물이 마르는 시기)에는 물이 없어서 야생동물들이 희생을 막기 위해 국립공원 내에 물을 공급해준다. 그러다 보 니 여행자들은 물을 먹기 위해 모여든 야생동물들을 쉽게 만날 수 있다. 특히 오초아나에 있는 캠프사이트에는 규모가 큰 워터풀을 관리하며 여행객들에게 가까운 곳에서 야생동물들과 조우하는 기회를 제공해 주었다.

▲ 워터풀에서 갈증을 해소하는 아프리카 야생동물들

📍여행 시 소통의 부재

배낭여행을 하면서 언어에 대한 불편은 어느 정도 감수할 수 있었는데 아프리카 트럭킹 여행은 언어 장벽으로 인한 불통으로 스트레스를 많이 받았다. 모든 국가에서 거의 영어가 자유롭게 소통되다 보니 영어로 소통이 가능한 여행자들은 전혀 문제가 없어 자유롭게 여행하는데 우리 부부는 그렇지 못했다. 가이드가 그날 어느 장소에 대하여 역사적 배경과 참석자가 해야 할 일들을 매일 때와 장소에 따라 설명해주는데 우리만 거의 이해하지 못해 불통이었다. 숙달된 고수 여행자로서의 직감으로 판단하고 행동할 뿐이었다. 심지어 와이파이까지 거의 안 되는 아프리카는 소통 부재로 아쉬움이 많았다. 방법을 찾기 위해 수시로 가이드 빅터에게 따로 스케줄과 일정에 대하여 브리핑을 받아야 했다. 그나마 와이파이 되는 곳에서는 많은 정보를 교환하면서 소통하기도 했다. 함께 한 유럽인들 가운데는 소통 부재로 인해 우리 부부를 소외시키는 듯하는 느낌도 받았다. 그러나 호주인과 몇몇 일행들은 더 적극적으로 우리에게 관심을 보여서 그나마 위안이었다. 이제 여행의 끝자락을 향해 달렸다. 우리가 더 소통하려고 애써서 노력하지 않으면 안 되었다. 오늘도 우리는 달린다.

▲ 힘바 부족 어린이들과 아쉬운 작별 인사를 하는 서양의 한 여행자

에토샤국립공원(Etosha Nationl Park)

에토샤는 크루거, 초베 국립공원과 함께 남아프리카의 대표적인 국립공원으로 여기에는 유명한 캠프사이트들이 있다. 에토샤국립공원 내에는 50여개의 워터풀을 운영하는데 야생동물들에게 신선한 물을 공급해주고 있다. 나미비아 북서부 쿠네네주에 위치하며 1907년 동물 보호구역으로 지정돼 오픈했다. 1975년 국립공원으로 지정되어 야생동물 보호 및 자연보호를 위해 관리되고 있다.

▲ 에토샤국립공원의 게임드라이브 차량

트럭킹 투어 11일 차

10월 17일: 아프리카 여행 15일 차

에토샤국립공원에서의 게임드 라이브 추억

✓ **일정**

나미비아 에토샤국립공원 게임드라이브

7시 30분에 에토샤국립공원으로 출발했다. 2시간 정도 달려 카만잡(Kamanjab)의 작은 도시에 도착해서 큰 마트에서 식자재도 사기로 했다.
우리는 나미비아 달러가 필요해서 ATM기에서 9,000 나미비아달러를 인출했다. 앞으로 진행될 액티비티에 필요한 돈이었다. 이어서 에토샤국립공원에 도착하여 가장 큰 오카우쿠에요 캠프(Okaukuejo Camp)에 도착해 점심을 준비하는 동안 캠프장 주위의 워터풀에 모여 있는 야생동물들을 관찰했다. 많은 종류의 야생동물들이 물을 먹기 위해 찾아왔다.

점심 식사 후 오늘 묵을 할라리 캠프장(Halali Camp)으로 이동해서 텐트 설치 후 노매드 트럭 차량으로 사파리를 시작했다. 넓디넓은 평원에는 많은 초식 동물들이 보였다. 그곳이 바로 아프리카임을 실감할 수 있었다. 이따금 마련해놓은 워터풀을 들릴 때면 더 많은 야생동물들이 모여서 물을 먹고 있었다. 많이 보이는 동물은 코끼리 떼였다. 동물들을 관찰할 때는 모두들 숨죽여서 관찰했다. 동물들도 우리 일행을 경계하지 않는 듯 했다. 여행자들은 절대로 안전 차원에서 차에서 내리거나 벗어날 수가 없었다.

▲ 에토샤국립공원 나무의 새싹 풀을 뜯고 있는 기린

트럭킹 투어 12일 차

10월 18일: 아프리카 여행 16일 차

약육강식 고스란히 보여주는 '사파리투어'

✓ **일정**

오피코피(Oppikoppi) 캠프장 → 에토샤국립공원 사파리투어 및 게임 드라이브

새벽 5시에 텐트를 걷고 6시 15분에 조식 후 7시에 게임드라이브를 위해 해가 뜨는 에토샤국립공원으로 출발했다. 전날과는 반대 방향으로 에토샤국립공원 깊숙이 들어갔다. 전날 함께했던 여행자들이 8명으로 줄어들었다. 맞바람이 거세게 불어왔다. 우리는 마스크로 무장하고 아침 공기를 맞았다. 끝이 보이질 않는 광활한 국립공원이었다. 풀이 있는 곳에는 초식동물들이 떼를 지어 풀을

찾아 움직이고 있었다. 어느 지점에 이르러 차가 멈췄다. 멀리 치타의 모습이 어렴풋이 보였다. 그다지 멀지 않은 곳에는 스프링복들의 무리가 있었다. 서로 힘을 모아 경계하며 생존 방안을 강구하고 있었다. 이어서 워터폴을 찾았다. 많은 코끼리 가족 무리가 이곳으로 이동해 오고 있었다. 얼룩말들의 무리는 코끼리 떼에 밀려 자리를 양보했다. 힘에 의한 야생의 질서가 유지되고 있었다. 워터폴에 동물이 보이질 않으면 주위에 사자가 누워있었다. 약육강식을 그대로 보여주는 곳이었다. 그날은 더 많은 동물들이 떼를 지어 다녔다. 얼룩말, 누우 떼가 우리의 차량을 가로질러 갔다. 많은 야생 동물들을 보고 점심을 먹기 위해 캠프사이트로 귀환했다.

갈증을 느껴 맥주 한잔을 먹고 물도 사 왔다. 오후에는 노매드 차량을 이용해서 사파리에 나섰다. 어느 지점에서 물줄기가 흐르는 곳에 많은 동물들이 보였다. 운전수 차로가 멀리 나무 밑을 보라고 말했다. 그곳에는 사자 가족들이 누워서 쉬고 있었다. 때를 기다리는 것 같았다. 생존경쟁의 시간이었다. 그 순간은 평화롭기 그지없었다. 평야에 많은 무리들의 동물들이 경계 태세를 유지하면서 별걱정 없이 풀을 뜯고 있었다. 어둠이 내려오면 그때부터는 육식동물들이 움직이면서 초원은 약육강식의 세계로 변하는 듯 보였다. 저녁에 캠프사이트에서 저녁식사를 막 끝낼 무렵 공원의 관리인이 워터폴에 사자가 나타났다고 해서 모두들 몰려갔다. 벌써 많은 여행자들이 숨죽여 나무 담을 기대고 지켜보고 있었다. 사자 3마리가 누워 있었다. 코끼리 무리들이 사자를 감지했는지 서서히 물러났다. 사자가 사라지자 코뿔소 4마리가 나타나서 동상처럼 간격을 유지하며 서서 물을 먹고 있었다. 어두운 워터폴 주위에는 여러 초식 동물들이 물

먹을 차례를 기다리며 다투고 있는 소리가 들렸다. 코뿔소가 물러나니 코끼리 가족들이 왔다. 다음은 기린 떼가 들어왔다. 이어서 얼룩말·스프링복 등 덩치가 작은 동물들이 앞다투어 나타나서 물을 먹고 떠났다. 오랫동안 여행자들이 숨죽여 지켜봤다. 늦게 텐트에 들어와 누웠는데 바람이 세게 불었다. 텐트가 흔들렸다. 12시경에 바람이 자고 조용했다. 혹시나 하고 어둠 속에서 랜턴을 들고 워터풀에 가보았다. 새들만 날아다니고 동물들은 보이질 않았다. 동물들도 인간과 같은 타임에 움직인다는 생각이 들었다.

▲ 에토샤국립공원 사파리투어 및 게임 드라이브 이모저모

트럭킹 투어 13일 차
10월 19일: 아프리카 여행 17일 차

북한과 더 친한 나미비아 수도 '빈툭'

✓ **일정**

에토샤국립공원 출발 → 오토 도시 방문 → 니미비아 수도 빈툭(Windhoek·해발 1,655m 위치) 입성 후 시티투어 → 1박 2일, 게스트하우스 1박

새벽 5시에 일어나 텐트를 걷고 있는데 가이드 빅터와 차로, 티치가 옆에서 한 발 앞서 텐트를 철거하고 아침준비를 하고 있었다. 일찍 7시에 출발을 했다. 이날은 도시 '오초'를 거쳐서 나미비아 수도 빈툭(Windhoek·해발 1,655m 위치)시에 도착해 1박을 하게 되었다. 새벽 일찍 일어난 탓에 차에 승차하고는 이

내 잠이 들었다. 2시간쯤 지나 오초라는 도시에 도착해서 큰 마켓에 들렀다. 날씨가 매우 따갑고 더웠다. 가끔씩 상의를 입지 않고 머리를 땋아 치장한 힘바족 여인들이 도심으로 나와서 거리를 활보했다. 허허벌판 도로 옆에서 점심을 먹게 되었다. 큰 나무 그늘아래서 아침에 삶은 파스타 면에다 치킨 커리를 곁들여 먹는 점심도 맛이 있었다.

생각보다 일찍 빈툭에 도착했다. 우리가 도착한 곳은 성당과 대통령 동상이 있는 빈툭의 언덕 지역이었다. 우리 팀 중 나미비아 일정만 참여하기로 한 캐나다인 3명과 작별하게 되었다. 숙소로 가기 전에 우리는 현지 가이드의 안내로 주요 건물들을 돌아보게 되었다. 니미비아는 북한과 우호 관계를 우리보다 먼저 맺은 나라이다 보니 김일성 시절에 북한이 나미비아 국민 대통령으로 알려진 분의 동상을 높은 지역에 상징물처럼 지원해 주어 여전히 관광 코스에 들어 있었다.

우리는 시간이 있어서 북한이 지어준 건물 뷰 포인트에 올라가 보게 되었다. 뷰 포인트에는 레스토랑이 있었는데 나름 건물 위치가 좋아서 빈툭 시내 점망을 한눈에 바라볼 수가 있었다. 우리는 여기서 커피 한잔을 마시게 되었다. 우리를 안내한 현지 가이드에게 "코리아에 대해 아느냐?"라고 물어보니 잘 모른다고 했다. 자기들은 북한에 대하여 더 우호적이라고 했다.

📍빈툭은?

나미바아 중앙부의 건조한 고원지대에 있는 수도로 기후 조건이 좋은 편이다. 1870년 그리스도교 전도의 전진기지가 되면서 1890년 도시 건설이 시작되었다. 1892년 독일령으로 남서 아프리카의 전진기지가 되면서 급성장했다. 제1차 세계대전 중에는 남아프리카공화국에 귀속된 적이 있는데 전후 위임통치령의 행정 중심지가 되었다. 북한은 유엔의 비 상임국이 많은 아프리카 20여 개 국가들과 우호 관계를 맺어서 현재까지 이어져 오고 있다고 한다. 도시를 둘러보고 우리는 헤지게임 롯지에 짐을 풀고 노매드에서 준비한 뷔페식 아프리카 전통음식을 맥주와 함께 먹었다.

▲ 북한이 지어준, 나미비아 수도 빈툭의 상징물이 된 동상과 건물

▲ 빈툭 시내 꽃나무 가로수

▲ 빈툭의 그리스도교 성당 건물

보츠와나 오카방가 델타 지역 초베이강 일대의 환상적 노을 풍경

보츠와나 트럭킹 투어

✓ 일정

2023년 10월 20일~10월 24일 5박 6일

✓ 여행지

오카방고델타 → 마운 → 경비행기 투어 → 초베국립공원 → 모코로투어 → 카사네 → 사파리 → 게임드라이브 → 크루즈 투어

✓ 보츠와나 정보

- 수도: 가보로네
- 인구: 271만
- 통화(화폐): 보츠와나 폴라(BWP)
- 언어: 보츠와나어, 영어
- 기후: 아열대기후를 이루며 내륙 고원 지역에 위치

트럭킹 투어 14일 차
10월 20일: 아프리카 여행 18일 차

보츠와나 칼라하리 사막에서의 캠핑 망중한

✓ **일정**

나미비아 출발해 보츠와나 입국 → 보츠와나 칼라하리 사막의 간지 트래블 레저 캠프장 도착 → 저녁 식사 후 산족 마을 방문 문화공연 관람

아침 일찍 레스토랑에서 뷔페 스타일의 조식을 먹고 보츠와나로 입국하기 위해 출발했다. 빈트후크의 헤자게임 롯지 숙소에서 편안한 잠을 자고 빨래도 하고 해서 편안한 아침을 볼 수 있었다. 빈트후크는 남쪽 지방인 데다가 높은 고도 지역이라 그런지 좀 시원한 느낌이었다. 이날 보츠와나에 들어서면서 나미

비아와는 또 다른 사막을 체험했다. 나미비아 사막은 나무 한 그루 없는 모래사막이 대부분이었다면 보츠와나 칼라하리 사막은 작은 잡목들과 풀로 덮여 있는 모래사막이었다.

출발 4시간 만에 나미비아 출입국 신고서에서 간단히 출국 신고를 마치고, 이어서 보츠와나 입국 신고를 마친 후 도로변 나무 그늘 밑에서 점심을 해결하고 달리고 달렸다. 보츠와나는 적도 부근이라서 그런지 더 따가운 햇빛으로 인해 무더웠다.

저녁쯤에 목장이 하나둘 보이는 사막의 캠프장에 도착했다. 캠프장의 모습은 원주민이 살던 곳처럼 간이 막사와 바닥은 온통 모래로 되어 있었다. 우리는 서둘러서 텐트를 치고 늦은 저녁을 먹고 다시 모여서 캠프장 인근에서 살아가는 산(San)족 공연장에 도착했다. 공연장에는 모닥불을 피워놓았고 원시 복장을 한 산 족 여성 부시맨들이 앉아 있었다. 이어서 가이드가 나와서 그들의 생활상과 공연에 관한 이야기를 들려주었다. 아프리카 특유의 리듬과 흥겨운 춤의 연속이었다. 노래와 춤은 전통 의식처럼 행해졌다. 일종의 주술처럼 여겨졌다. 가이드 이야기로는 부족들이 아프거나 사냥 시 안녕을 기원하기 위해 행하여지는 의식 행위라고 했다. 40분 정도 공연 후 각자 조금씩 팁을 주고 헤어졌다. 변해가는 그들의 삶을 엿볼 수가 있었는데 전통문화를 그대로 보전하고 살아가는 그들의 또 다른 방식이라는 생각이 들었다.

▲ 산 부족의 전통 주술(呪術·불행이나 재해를 막으려고 주문을 외거나 술법을 부리는 일) 공연

트럭킹 투어 **15일 차**

10월 21일: 아프리카 여행 19일 차

마운에서 오카방고 델타 경비행기 투어

✓ **일정**

칼라하리 사막 출발 07시 → 마운 도시 도착 6시간 소요, 마트 → 마운에서 오카방고 델타 경비행기 투어 → 마운에서 오카방고(Okavango) 델타 콰이(Khwai) 자연보호구역 짚차로 출발 게임드라이브 → 밤 7시에 프라이드 오브 아프리카(Pride of Africa) 롯지 도착 저녁 만찬, 2박 3일 게임드라이브

오늘부터 보츠와나의 오타방고(Okavango) 델타지역으로 들어가 본격적으로 야생동물 생태계를 체험하게 되었다. 칼라하리 사막을 출발해서 가끔씩 보이는 목장과 작은 나무사이로 기린 등 동물들이 보이기 시작했다. 6시간 차로 달

린 후 '마운(Maun)'이란 도시에 도착했다. 마운은 오타방고 델타 및 초베국립공원(Chobe National Park)을 가기 위한 전초기지다. 여기서 우리는 남은 나미비아 달러를 남아프리카 랜드로 교환해야 했다. 그래야 빅폴 공항에서 미국 달러로 환전할 수가 있다. 오랜 시간이 걸려서 환전할 수가 있었다. 모두가 수작업으로 업무를 처리해서 매우 오래 걸렸다.

환전 후 오카방고 경비행기 투어를 신청한 우리 일행들은 공항으로 이동해서

▲ 오카방고 델타 투어 용 경비행기

1시간 정도 오카방고 델타의 상공에서 강줄기와 무수히 많은 야생동물을 볼 수가 있었다. 1시간 정도인데도 아래를 보니 갑자기 멀미가 나서 고생했다. 이어서 아침에 준비해 온 도시락으로 점심을 먹고 2시경 오카방고 깊숙한 콰이(Khwai) 자연보호구역으로 들어가면서 게임드라이브가 시작되었다.

4x4 지프차로 갈아타고 가다 비포장도로에서 가이드가 타이어 바람을 빼는 작업을 했다. 그러하지 않으면 차량 바퀴가 모래에 빠진다고 했다. 가이드는 곡

 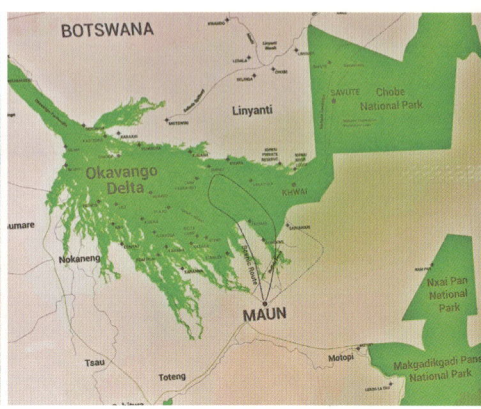

▲ 오카방고 델타 경비행기 투어 활주로   ▲ 오카방고 델타 위치를 나타내주는 지도

예를 하듯이 질주하며 야생동물들을 찾아내어 보여줬다. 코끼리·기린·멧돼지 등 다양한 종류의 동물들과 만났다. 모래사막 도로는 뽀얀 먼지가 일었다. 우리는 마스크를 쓰고 있어서 다행이었다. 어둠이 내려앉자 가이드는 한 손으로 운전하며 한손으로는 랜턴을 비추어 동물들을 찾아냈다. 5시간을 달려서 캠프장에 도착했다. 캠프장에는 큰 휴식 공간과 각자의 고정 텐트를 구축한 숙소가 마련되어 있었다. 숙소 밖 습지에는 하마들의 다투는 소리가 들리고 사자 울음소리와 개 짖는 소리가 들렸다. 정말 동물의 세계 깊숙이 들어 왔다는 느낌이 들었다. 현지 스태프들이 함께 움직여주었다. 동물들이 수시로 출몰한다고 했다. 저녁은 전문 셰프가 아프리카 전통음식을 요리해주어 맛있게 먹고 고정식 텐트에 들어갔다. 화장실의 지붕이 없고 개미가 너무 많고 모기가 보였다. 아프리카 깊숙한 곳에서 동물들과 함께 자는 기분이었다. 어둠이 너무 짙어 별만 초롱초롱 빛났고 스태프들이 설치해놓은 초롱 불빛이 아름다웠다.

▲ 오카방고 델타지역의 경비행기에서 바라본 오카방고 델타지역 전경

▲ 보츠와나 오카방고 델타지역 풍경

▲ 보츠와나 오카방고 델타 콰이(Khwai)자연보호지역 코끼리의 자연 파괴 현장

트럭킹 투어 16일 차

10월 22일: 아프리카 여행 20일 차

사자의 버펄로 시식 현장, '살아있는 아프리카'

✓ **일정**

아침 일찍 게임드라이브 콰이(khwai) 자연보호구역 2시간, 사자의 버펄로 시식 현장 → 모코로(Mokoro: 아프리카 전통 쪽배) 타고 오카방고 습지 체험 3시간 → 숙소에서의 점심 (너무 더워서 쉬다 3시경부터 게임드라이브)

아침 일찍 조식을 먹고 캠프에서 일출을 보고 지프차를 타러 나오는데 숙소 주위 벌판에 야생 들개들이 오가며 우릴 피했다. 아울러 모래가 있는 곳에는 밤에 코끼리가 다녀갔는지 발자국이 선명했다. 실로 아프리카의 야생동물들이 사는 곳 깊숙이 들어온 셈이다.

이날은 종일 게임드라브를 하며 콰이(Khwai) 자연보호지역을 돌아봤다. 가이드가 바쁘게 숲속의 조그만 길로 우리를 안내했다. 그곳에는 두 대의 차가 와 있었다. 사자 세 마리가 밤에 버펄로를 사냥을 해서 먹고 있었다. 우리 차는 숲의 작은 나무를 밀어붙이면서 사자 1m까지 접근했다. 많이 먹어 배가 부른 놈은 차가 옆에 가도 미동도 없이 먹은 것을 소화 시키는지 누워서 쉬고 있고 한 마리는 열심히 벌팔로를 해체하고 있었다. 처절한 약육강식의 현장을 목격했다. 우리 팀은 숨죽이고 오랫동안 이를 지켜보았다. 이어서 코끼리 서식지에 들어섰다.

▲ 버펄로를 사냥하고 나서 포식한 후 휴식 취하는 사자

코끼리 무리들이 모여 있었는데 그곳 오카방고 델타 콰이 자연보호지역에는 나무들이 모두 몽땅 빗자루처럼 훼손되어 있었다. 코끼리 서식지의 엄청나게 넓은 지역에는 작은 나무들은 보이지 않고 죽은 큰 나무들만 우두커니 서 있었다. 코끼리들이 넘어뜨리거나 큰 나무는 나무껍질을 모두 벗겨 먹어서 나무들이 말라죽은 것이었다. 몽땅 빗자루처럼 만들어 놓은 범인도 코끼리이었다. 온통 주변 자연이 파손되어 심각한 지경에 이르렀다. 코끼리는 천적이 거의 없고 매년 숫자가 늘어나고 있으니 어떠한 조치가 필요할 것 같다는 생각이 들었다. 한때 코끼리 숫자가 적은 탄자니아 세렝게티 지역으로 이주를 계

획했으나 운송비와 이틀에 걸친 마취 등 난관에 직면해 실현하지 못했다고 한다. 그대로 방치하면 야생동물 서식지 황폐화로 숲과 동물이 사라질 것 같은 위기감을 느꼈다.

이어서 우리 팀은 오카방고 델타의 습지에서 통나무배, 오늘날에는 유리 섬유 강화 플라스틱(FRP)로 만들어진 모코로(Mokoro)를 타고 유유히, 아주 자연스럽게 힐링하면서 강을 따라 많은 동물을 관찰했다. 3시간 정도 체험 시간을 즐겼다.

이어서 조그만 섬에 내려 스탭들과 코리끼 분변으로 공차기 놀이를 즐겼다. 타고난 흥이 많은 모코로 가이드가 춤을 추며 우리를 즐겁게 했다. 그리고 2m 정도 우뚝 솟아 있는 개미집에 모여 가이드의 설명을 들었다. 개미집은 20여 년 정도에 걸쳐 만들어졌으며 원주민들의 건축자재로도 활용된다고 했다. 이를 만져보니 시멘트를 발라놓은 듯 견고했다.

숙소로 귀환하여 점심 식사 후 날씨가 섭씨 40도 정도 올라 너무 더워서 오침(午寢·낮잠) 시간을 가졌는데 우리의 고정식 텐트 안이 너무 더워서 공용으로 활용되고 있는 막사 안에서 누워 쉬다가 3시부터 다시 게임드라이브를 시작했다,

초베국립공원의 넓은 초지에 많은 초식동물이 먹이를 취하는 장면을 보고, 이어서 코끼리 서식지를 지나 숲속으로 가니 들개 무리가 나무 밑에 누워 있었다. 우리가 옆에 있으니 경계하며 신경질적으로 행동하는 모습도 보았다.

저녁 무렵에는 노련한 가이드가 보기 어렵다는 표범을 추적해서 앞질러 가면서 볼 수가 있었다. 버펄로 무리도 강변 주변에서 볼 수가 있었다. 오카방고 델

타의 강을 중심으로 많은 야생 동물들이 있으며, 강을 지배하는 하마 무리가 생각보다 많아서 놀라웠다. 아프리카의 아름다운 저녁노을을 감상하며 숙소에 들어와 아프리카 전통 음식을 맛있게 먹으며 하루 일정을 마감했다.

▲ 캠프에서 바라본 일출 장면

▲ 오카방고 델타 습지대로 물을 먹으로 몰려든 코끼리 떼들

▲ 오카방고 델타 습지에서 모코로(Mokoro) 타고 습지 체험을 하는 여행자들

▲ 높이 2m 정도에 이르는 거대한 개미집을 바라보며 열심히 공부하는 여행자들

▲ 황폐하게 죽어 있는, 코끼리 서식지 나무들

▲ 오카방고 델타 지대 습지에서 서식하는 연꽃

▲ 오카방고 델타 코끼리 서식지를 지나서 나오는 숲속의 들개 무리들

▲ 오카방고 델타지역에 땅거미가 진 후 습지대 주변을 어슬렁거리는 표범

▲ 오카방고 델타지역 초원 지대 일몰 풍경

트럭킹 투어 17일 차
10월 23일: 아프리카 여행 21일 차

초베국립공원 생태계 순환과정 목도

✓ **일정**

오카방고 델타, 초베국립공원 종일 투어 → 카사네(Kasane) 도시로 이동

남부 아프리카에서 야생동물들이 가장 밀집해서 서식하고 있는 지역인 초베국립공원에 들어가는 아침이 밝았다.
6시 30분 선선한 바람을 받으며 국립공원을 질주했다. 어느 지점에 초베국립공원 입구가 보였다. 입국 절차를 끝내고 깊숙이 들어가니 나무는 보이지 않고 허허벌판이었다. 이곳이 그 유명한 초베국립공원이었다. 넓고 넓은, 끝이 보이

▲ 초베국립공원 입구의 코끼리 유골   ▲ 초베국립공원 마바베(Mababe)
                                              야생 게이트 안내판

질 않는 초원이다. 그러나 아직 풀이 자라지 않아서 누런빛이었다. 초원 안으로는 들어가지 못한다고 했다. 길이 난 곳으로만 먼지를 일으키며 달렸다. 초식동물들의 떼가 보였다. 이어서 하이에나가 야생동물의 뒤를 쫓는 모습이 보였다.

▲ 마바베(Mababe) 야생 게이트

어느 지점에 가니 초원이 온통 불에 탄 모습이고 새싹이 푸릇푸릇 돋아나고 있는데 임팔라 무리들이 풀을 뜯고 있었다. 1년에 한 번씩 벼락 등으로 인해 초원 지대에 불이 나고 마른 풀은 타버리고 새 풀이 돋아나면서 생태계가 순환한다고 했다. 어느 지점의 나무 밑에 사자 가족들이 쉬고 있었다. 우리가 가장 먼저 그곳을 찾아 도착했는데 조금 후 어느 사이에 서로 교신이 되어서 많은 차량이 모여들었다. 이어서 숲이 있는 곳으로 자리를 옮기고 아주 큰 바오밥 나무 밑에서 스낵과 차를 마시고 쉬었다.

▲ 초베국립공원 야생동물을 살펴보는 사파리 게임 드라이브 차량 행렬

▲ 초베이국립공원에 서식하는 다양한 종류의 조류

▲ 초베국립공원의 코끼리 가족 무리

▲ 초베국립공원 내 나무그늘에서 오수을 즐기는 사자 무리들

다시 출발했고 중간에 캠프에서 준비해 온 샌드위치로 점심을 먹고 마운을 거쳐서 가사네 도시로 이동했다. 가세네 마을은 보츠와나와 짐바브웨의 접경지역이다. 가는 도중에 바오밥 나무들이 도로변에 많이 서식하고 있었다. 우리나라의 시골 마을마다 들어서 있었던 성황당(城隍堂)에 버티고 있던 느티나무처럼 보호수로 관리한다고 한다. 오랜만에 포장도로를 달리는데 소낙비가 내렸다. 오픈카에서 시원한 물줄기를 즐겼다. 우기(雨期)가 아니면 좀처럼 비가 내리지 않는 아프리카에서 시원한 빗줄기를 맞았다. 여러모로 행운일 거라는 생각이 들었다. 가사네 마을에는 큰 강이 흐르고 있는데 그 강은 초베국립공원의 끝자락에 들어서 있다고 했다.

우리는 노매드 차량과 캠프에서 조우했다. 이틀간 다른 투어 팀과 함께 했다. 빅터가 우릴 반겨주었다. 롯지에 도착해서 텐트를 구축하고 레스토랑에 가서 시원한 맥주 한잔으로 11시간 지프차의 여운을 지웠다. 캠프 이름도 초베 강처럼 데버리버 롯지이다.

📍카사네(Kasane)

보츠와나의 도시 지역으로 인구는 8천 명 정도에 이른다. 행정구역상 아프리카 북서부에 속한다. 보츠와나·나미비아·잠비아·짐바브웨 4개국의 국경이 만나는 지점에 있다. 매우 더운 지역이다.

▲ 그 지름이 30m에 이르는, 초베이국립공원 내 바오밥나무 아래에서 휴식을 취하는 사파리 게임 드라이브 참가자들

트럭킹 투어 18일 차

10월 24일: 아프리카 여행 22일 차

초베강 크루즈 투어, 인생 최고 감동 가득

✓ 일정

오전 캠프에서 휴식 → 오후 초베국립공원 초베강 보트 크루즈 투어, 선셋 감상

이날은 오전에 초베국립공원 사파리 게임드라이브가 있는 날이었다. 이날 일정은 선택 관광으로 진행되어서 우리는 3일 동안 열심히 야생동물들을 많이 보아서 생략하고 오전에 쉬기로 했다. 밀린 빨래도 하면서 충전의 시간을 보내고 오후 3시에 보트 크루즈를 타기 위해 노매드 차량으로 초베국립공원을 가로질러 흐르는 초베강으로 나갔다.

▲ 초베국립공원 초베강 크루즈에 나선 필자 부부

그곳에는 많은 크루즈 배들이 정박해 있었다. 그 주위에는 야생의 멧돼지들이 자유로이 뛰어다녔다. 우리 팀 말고도 다른 팀의 여행객들도 함께 승선했다. 강줄기가 흐르는 지역은 초베국립공원 끝자락이었다. 습지로 넓은 초원과 많은 물이 있는 강에는 여러 종류의 배들이 동물들을 보기 위해 유유히 움직였다. 강을 가로지르면서 습지 쪽에 이르니 하마들이 크루즈 옆에서 모여 있었다. 이어서 아프리카 악어가 보였고 습지 쪽에는 초식동물들이 떼를 이루어 풀을 뜯고 있었다. 습지 상류 쪽에는 사람들이 사는 주택이 들어서 있었다. 염소와 소 등을 방목하고 있었다. 그곳에는 습지로 우기에는 물의 양이 많아져 댐으로 범람한다고 한다. 습지로 인하여 섬 모양 형태의 지형이 형성되어 육식동물들 침입이 어려워 초식동물들의 먹이도 풍부해 이곳으로 몰려든다고 한다. 초식동물들의 낙원이었다. 해 질 무렵 버펄로 떼들이 습지 가장자리로 이동해서 엄청난 숫자의 무리가 몰려와서 장관을 연출했다. 밤이 되고 어두워지면 그들끼리 집단을 이루어서 육식동물들로부터 서로 의지해서 지켜내는 것이라고 한다. 자연의 섭리란 묘한 생각이 들었다.평원의 해넘이를 감상하고 어둠이 밀려와서 숙소에 도착했다. 배를 타고 사파리를 하는 시간이 정말로 평화롭고 힐링 되는 시간이었다. 밤에 소낙비가 잠깐 내려 자다가 일어나 황급하게 빨래를 걷는 한바탕 소동이 벌어졌다.

▲ 초베국립공원 초베강의 악어

▲ 초베이강의 버펄로와 황새

▲ 어둠이 내려오자 한곳으로 이동해서 큰 집단을 이루는 버펄

▲ 초베국립공원 초베강 주변의 가슴 탁 트이는 풍경

▲ 평생 잊을 수 없을 것만 같은 감동으로 아로새겨지는 초베강의 선셋 황홀경

Chapter 5

짐바브웨 트럭킹 투어

짐바브웨 빅토리아폭포의 위용을 축복하는 것 같은
아름다운 쌍 무지개가 드리워져 있다

✓ 일정

2023년 10월 25일~10월 27일, 2박 3일

✓ 여행지

빅토리아폭포, 빅토리아 마을, 빅토리아호텔

✓ 짐바브웨 정보

- 수도: 하라레
- 인구: 1,702만 명
- 통화(화폐): 미국 달러, 남아프리카 랜드
- 언어: 토착어, 영어
- 기후: 고원이기 때문에 선선해 연평균 섭씨 15도 내외임

트럭킹 투어 19일 차
10월 25일: 아프리카 여행 23일 차

일생일대 로망,
빅토리아폭포 돌아보기

✓ **일정**

보츠와나 가사네 출발 → 출입국관리소 → 짐바브웨 출입국관리소 → 빅폴 시어워터 스폴로레스캠프장 도착 → 빅토리아폭포 돌아보기 → 빅토리아폭포 다리 걷기 밤바 트레인

더위와 싸워야 했던 보츠와나를 떠나 마지막 여행지 짐바브웨로 입국했다. 이틀 동안 머물렀던 데버리버롯지에서 아침 일찍 짐 정리하고 떠났다.

도시 인근이라 포장도로를 달렸다. 1시간 정도 후 보츠와나 출입국 사무소에

도착해서 출국 수속을 진행했다. 이어서 조금 지나 짐바브웨 국경 출입국관리소에 들어서면서 입국 수속을 진행했다. 많은 화물 차량과 여행객들이 뒤엉켜 혼잡스러웠다. 출입국관리소 건물이 컨테이너로 만들어진 간이 건물이었다. 국가의 경재력을 상징하는 듯했다. 우리는 짐바브웨서만 있을 예정이어서 카자 비자를 신청하고 30 달러를 지불하고 1시간 정도 기다려 발급받았다.

이번 여정에 동행한 스태프 차로와 티치의 고향이기도 했다. 차로는 그곳에서 여러 명의 아는 사람들을 만나서 신나게 이야기했다. 짐바브웨로 넘어오니 날씨가 덜 더웠다. 그곳 기온은 섭씨 36도 정도라고 했다. 얼마 지나지 않으면서 꽃이 만발해 있는 조그만 도시로 입성했다. ATM기와 은행이 밀집된 곳에 노매드 차량이 멈췄다. 그곳이 빅토리아 마을이라고 했다. 우리도 남마공 돈을 미국 달러로 환전하고자 은행에 들렀으나 그곳에서는 안 된다고 했다.

바로 옆에 있는 짐바브웨이 빅포리아 숙소인 쉬어워터스 익스플로어스 발리지(Shearwater's Explorers Village) 숙소의 고정 텐트에 짐을 풀었다. 대단히 큰 규모의 롯지였다. 현지 롯지 안내자가 이곳에서 진행하고 있는 액티비티를 소개하고 신청하도록 했다. 빅토리아 헬기 투어, 번지점프, 강 크루즈 투어 등 많은 액티비티 투어를 안내했다. 언어 소통이 문제가 있어서 숙소 리셉션에 와이파이 사항을 묻는데 한국인을 전담해 안내하시는 분이 있었다. 김규리씨로 학생이라고 했다. 아르바이트를 하고 있었다. 반가워하며 먼저 인사를 건네며 도와주겠다고 했다. 너무 반가웠다. 바코드로 와이파이를 연결하고 나서서 가이드 빅터와 함께 일정에 대하여 협의하는 시간을 가졌다. 그 학생은 자기 어머니를 소개시켜 준다고 했다. 어머니가 가이드 겸 여행사를 한다고 했다. 흔쾌히

만날 것을 약속하고 점심 식사 후 만나기로 했다. 우리가 오늘 일정 이후 다음 날 하루 더 다른 호텔에 묵어야 하기에 호텔 픽업과 다음날 일정을 공유하고 모레 공항 픽업을 부탁하기로 했다.

점심 식사 후 그 학생의 모친을 만나서 일정을 공유하고 다음 날 만나기로 했다. 그후 우리는 빅토리아폭포를 탐방하기 위해 걸어서 나섰다. 40분 정도 걸어서 빅토리아폭포 입구에서 입장료 50달러를 결제하고 동선을 따라 걸으며 1번부터 13번까지 빅토리아폭포의 절경을 감상하게 되었다.

▲ 빅토리아폭포 국립공원 입구

빅토리아폭포 입구에는 아프리카의 전통 모습과 동물들의 목각 인형을 파는 상점들이 늘어서 있었다. 입장 후 안내선을 따라 관람하게 되는데 동선 끝 부분에 빅토리아폭포를 발견한 영국의 탐험가 리빙스턴의 동상이 있었다. 이곳부터 폭포 쪽을 향해 내려오면서 관람했다. 빅토리아폭포는 1885년 영국 탐험가 데이비드 리빙스턴이 발견했다. 그 시절 빅토리아 여왕의 이름을 따서 '빅토리아폭포'라 불렀다고 한다. 1시간 30분 정도 관람한 것 같았다. 무덥고 습했다. 땀이 줄줄 흘렀다. 그래도 나무 그늘이 있어서 다행이었다. 코스 곳곳마다 뷰 포인트로 폭포의 내면을 잘 볼 수 있게 만들어 놓았다. 빅토리아폭포는 짐바브웨 쪽과 잠비아 쪽에서도 볼 수 있다고 하는데 짐바브웨 이 쪽이 정면이라고 했다. 우기에는 엄청난 양의 물이 쏟아지며, 주위에는 물방울이 비처럼 내려 우의를 써야만 한다고 했다. 지금은 갈수기(渴水期: 하천의 물이 마르는 시기)로 수량이 적어서 안개비 정도만 내리고 있었다. 우리는 남미의 이과수폭포 정도로 생각했으나 규모 면에서는 조금은 실망스러웠다. 그러나 폭포의 높이는 110m, 폭 1,676m로 세계에서 가장 깊다고 했다. 세계 3대 폭포 중 하나이다.

이어서 짐바브웨와 잠비아를 연결한 국경 지역에 있는 다리로 가보기로 했다. 1905년 영국에 의해서 완성되었으며 이 다리를 이용해서 아프리카 남부 지역을 개척하는 계기가 되었다고 한다. 우리는 다리를 건너보기 위해 1시간을 걸어서 보초가 있는 곳에서 중간까지 짐바브웨 경계까지 갔으나 폭포의 모습은 일부만 볼 수 있었다. 다리 중앙부에는 번지 점프대와 철로가 이어져 있었다, 짐을 실은 대형 트럭들의 행렬이 이어져 이 다리가 엄청난 교역의 역할을 한다는 것을 알 수 있었다.

돌아오는데 은행이 많이 있는 곳에서 짐바브웨 지폐를 한 묶음 손에 들고 달러와 바꾸어 줄 것을 호객행위 하는 현지인들이 많았다. 짐바브웨 화폐가 너무 높은 인플레이션으로 인하여 쓸모없는 화폐로 전락했다고 한다. 1달러면 현지 돈 10만 짐바브웨 돈과 교환해 준다고 했다. 경제가 무너져 미국 달러만 소통된다고 했다.

더위에 땀을 흘리고 궁금했던 빅토리아폭포를 온전히 본 것이 숙제를 해결한 듯 마음이 개운했다. 돌아오면서 호텔에 들어서 있는 조그만 상점에서 아프리카 맥주로 더위를 해결하고 샤워 후 노매드팀에서 준비한 저녁 만찬에 참석했다. 노매드 여행사 측과 캠프사이트 롯지와 연계한 출장 요리사들이 나와서 아프리카 전통 음식을 준비해서 맛있게 먹게 되었다. 주로 커리를 이용한 음식과 곤충으로 만든 음식도 있었고, 딱딱한 견과류인 줄 알고 먹었는데 그것이 유명한 바오밥 나무 열매라고 했다. 너무 딱딱해서 먹을 수가 없었는데, 나중에 보니 침으로 녹여 먹어야 한다고 했다. 팀의 일부는 오후에 출발해서 뵙지 못하는 이들이 있었다. 그날도 여행 마지막을 위해 열심히 즐긴 것 같았다.

▲ 빅토리아폭포 국립공원 내
　오솔길 옆에 핀 꽃

▲ 빅토리아폭포를 발견한
　영국의 탐험가 리빙스턴의 동상

▲ 짐바브웨 빅토리아폭포의 위용

▲ 빅토리아폭포 국립공원 내 잠비아 쪽 반대편 폭포 주변 풍경

▲ 빅토리아폭포 공원 내 짐바브웨와 잠비아를 이어주는 국경 다리 주변 풍경

▲ 숙소에서 망중한을 즐기고 있는 노매드 팀의 스태프들로 빅터, 차로, 티치

▲ 쌍 무지개 드리워진 빅토리아폭포를 배경으로 포즈 취한 필자

트럭킹 투어 20일 차

10월 26일: 아프리카 여행 24일 차

노매드 트럭킹 투어 20일 마지막 날의 여유

✓ **일정**

아침 식사 후 노매드팀과 해산 → 현지 한국인 가이드 김왕순님과 일정 공유 → 크레스타 호텔 이동 → 저녁 만찬 및 디너쇼 관람

노매드 트럭킹을 시작한 지 20일 이날이 마지막 날이었다. 절대 만만치 않았던 현지 난제들을 지혜롭게 극복해 나갈 수 있도록 도와주었던 노매드팀과 아쉬운 작별을 해야 했다. 아침 식사 후 8시에 팀원들이 모였다. 일부는 전날 떠났고 우리와 같이 끝까지 함께했던 팀원들이 아쉬움을 이야기하며 스태프들에게

성의로 조그만 팁을 주는 시간을 가졌다. 다함께 모여 사진 촬영 후 헤어지게 되었다. 16명으로 출발해서 19명으로 완성된 팀이었다. 각자 자기 나라로 일정에 맞게 출발 준비를 했다. 우리와 연령대가 비슷했던 오스트레일리아 자매 팀이 마지막까지 우리와 함께 사진을 찍고 아쉬운 작별을 했다.

우리는 여기서 하루 더 머물고 내일 빅폴 공항에서 출발할 예정이었다. 짐을 시위워워터스 롯지로 옮기고 10시에 현지 한국인 가이드 김왕순님을 만나기로 했다. 빅 폴 마을을 둘러보고 오후에 크레스타 호텔로 이동하기로 했다. 롯지에서 차 한잔을 마시고 기다리니 현지 가이드가 와서 봉고차를 타고 이동했다. 먼저 역사가 깃든 빅폴 호텔을 보기 위해 10여 분 정도 이동했다. 빅폴 호텔은 세계 3대 폭포로 일컫는 빅토리아폭포 인근에 위치하고 있다. 가성비가 우수한 숙소다. 편리함과 로맨틱한 분위기를 자랑하며 풍광이 매우 아름다운 곳이다. 오랜 역사와 함께 내부에는 영국 왕실 전통의 시설을 본떠서 장식했다. 고풍스러운 유럽 분위기가 물씬 풍겼다. 근대와 현대를 아우르고 있는 시설이었다. 왕족들이 주로 이용한다는 전통 호텔이자 레스토랑도 들어서 있다. 영국 자본에 의해서 건설되었다고 하며, 영국 공주가 왕림했고 왕자의 사진도 있었다. 영국식 건물로 5성급 호텔이다. 거기에는 유명한 정글 테마 레스토랑이 들어서 있어서 저녁을 예약하게 되었다. 정글 정선 레스토랑은 자연 속에 있는 야외식당으로, 식민지 시대인 1904년 영국인이 만든 이 지역 최고급 빅토리아폴스 호텔 내에 위치한 아프리카 전통 뷔페식 레스토랑이다. 우리가 맛보지 못한 야생 동물 고기와 카레 음식 등을 먹을 수 있으며 식사 도중 전통 부족의 공연을 볼 수가 있었다. 이어서 빅 폴 다리가 잘 보이는 레스토랑에 들렀다. 이 레스토랑에서 잠베지강의 풍경을 볼 수가 있었다. 멀리 빅 폴 다리가 아름답게 보였다.

점심시간이 되어 무엇을 먹을까 고민하고 있는데 가이드 김왕순 씨가 자기네 집에 가서 비빔국수를 먹자고 제안했다. 우리는 동의하고 출발했다. 가는 도중에 짐바브웨에서 가장 크다는 바오밥나무를 보게 되었다. 족히 둘레가 50m는 되는 것 같았다. 가이드 김왕순씨의 집으로 가는 도중 그가 살아온 이야기를 들려줬다. 그분은 대사관 쪽에서 근무한 이력도 있고 남편이 선교사와 봉사 일을 하고 있어서 여행 중 보아 왔던 빅 폴에 정착했다고 했다. 그동안 여행 관련 사업을 해서 많은 현지 땅을 구입했다고 하며 앞으로 큰 리조트를 운영하고 싶은 계획을 지닌 당찬 한국인 이었다. 김왕순씨가 살고 있는 집에서 직접 만들어준 비빔국수를 맛있게 먹고 생활 현장을 볼 수 있었다. 우리나라의 부촌 주택지처럼 보이는 곳에 집을 3채 지어 관리하고 있었다. 가족과 함께 모여 살면서 여행 관련 사업을 확장하고자 하는 계획도 세웠다고 했다.

식사 후 크레스타 호텔에 입성하여 짐을 풀고 오후 4시에 디너 크루즈를 타기 위해 호텔 로비에서 픽업을 기다리고 있는데 픽업 차량이 오지 않아서 연락해 보니 예약이 잘못되었음을 알았다. 좀 쉬었다가 저녁 7시에 김왕순씨가 딸과 함께 픽업을 와서 정글 정션 레스토랑으로 출발했다. 아프리카 전통 음식을 뷔페식으로 먹는데 아내가 음식에 대해 불만을 나타냈다. 새로운 것이 특별하게 없다는 이유였다. 공연을 1시간 정도 관람했다. 나름 원주민 부족들의 생기 넘치는 공연 모습이 마지막 여정을 축하해 준다고 생각했다. 아내는 가성비가 좋지 않고 비싸다는 게 불만이었다.

그리고 호텔로 돌아오는데 가이드께서 자기가 자주 가는 수제 맥주 잘하는 집이 있다고 해서 함께하게 되었다. 시골의 한적한 곳에 마니아를 위한 맥주 집이 있었다. 수제 맥주의 묵직한 맛이 일품이었다. 계산은 더치페이로 했다. 아내가 불만스러운 표정을 지었다. 여행하다 보면 별별 사람들을 경험하게 되고 인내하여야 할 일들이 많다는 것을 새삼 느꼈다. 우리가 묶은 크레스타 숙소가 고급스러워서 시원한 아프리카의 마지막 밤을 정리하며 보냈다.

▲ 트럭킹 투어 마지막까지 함께해 정이 듬뿍 들어서 더욱 아쉬운 작별인사를 하게된 트럭킹 투어 스태프들과 오스트레일리아 자매들 그리고 필자 부부

▲ 빅토리아폭포 마을에 있는, 둘레 50m의 가장 큰 바오밥나무

▲ 시위워워터스 롯지 로비

아프리카 25~26일 차

귀국 2023년 10월 27~28일

아프리카 여정 마무리 귀국의 기쁨

✓ **일정**

아침 크레스타호텔 조식 6:30 → 빅폴공항 픽업 9:30분 → 픽폴공항에서 환전 → 빅폴 공항 출발, 에티오피아항공 10월 27일 12:55 → GBE(보츠와나 가로보네) 숨은 경로 45분 → ADD(에티오피아 아디스아바바 공항) 트랜스퍼 22시 35분 에티오피아항공 → 10월 28일 15:45 한국 인천공항 도착 총 비행시간 19시 50분

아프리카 여행을 마무리하고 귀국하는 날이다. 빅폴 마을에서 1일 추가해서 마을 주위도 돌아보고 여행의 피로도 풀고, 여유 있는 하루를 보내고 짐바브웨 빅토리아 공항에서 12시 55분 발 에티오피아항공으로 출국했다. 마지막 숙소인

크레스타호텔은 나름 가성비가 좋은 곳이었다. 잘 조성된 아프리카식 정원과 넓은 풀장을 갖추고 있었고 숙소 또한 넓고 깨끗하고 편리하게 되어 있었다. 호텔 조식으로 6시 30분에 신선한 과일과 즉석에서 만들어준 음식으로 넓은 정원을 배경으로 분위기 있는 아침 식사를 했다. 특히 우리가 상상하지 못할 정도로 거목의 망고나무들이 있었는데 거목의 망고나무에는 망고가 주렁주렁 익어가고 있었다. 망고나무가 우리나라의 감나무보다 더 크고 웅장했다. 아침 식사하면서 우리와 함께 트럭킹을 했던 독일 남매를 만나게 되었다. 그들도 이날 귀국한다고 했다. 반가운 인사를 나누며 잘 귀국하라는 덕담도 나뉘었다. 아프리카식 아침을 잘 먹고 여유 있게 짐을 챙겨 숙소에서 나오는데 캐나다 가족이 풀장에서 놀고 있었다. 우리를 알아보고 손짓했다. 11살 먹은 아들과 놀아주는 아버지의 자애로운 모습이 아름다웠다. 9시 50분에 픽업을 오기로 한 김왕순씨가 정시에 와주셔서 공항으로 출발하게 되었다. 출발 30여 분 만에 빅토리아 공항에 도착해서 아쉬운 작별을 나누며 여행사 명함을 받았다. 한국인과 의사소통하며 지낸 이틀이 알찬 시간이었다. 홀로 아프리카에서 한국인 의지와 꿈을 잘 펼치고 가꾸어 나가는 김왕순씨의 앞날을 응원했다. 픽폴 공항에서 우리는 남아공 돈을 미국 달러로 교환하고 공항에 전시해 놓은 야생동물들의 박제를 감상하다가 정시에 출발했다. 에티오피아항공의 일정은 숨은 경로로 보츠와나의 수도 가보로네 공항에서 1시간 정도 머무르고 이어서 에티오피아 아디스아바바 공항에서 환승해 인천까지 가게 되었다. 출발 6시간 만에 숨은 경로에 내려 내릴 승객들과 탈 승객들은 타고 나머지 승객들은 항공기 기내에서 대기하는 형식이었다. 순조롭게 아디스아바바에 도착했으나 환승을 하는데 활

주로에서 늦게 이동하는 것이었다. 우리는 다른 항공기로 환승할 시간이 부족할 것 같아 애가 탔다. 30 여분 남겨놓고 항공기 트랙을 내리는데 승무원이 인천과 일본으로 가는 여행객을 찾았다. 승무원은 우리를 알아보고 4명을 찾아서 바로 다른 항공기로 안내해 해당 항공기 뒷문을 열고 출발 10분 전에 탑승을 완료하고 아슬아슬하게 출발하게 되었다.

한편으로 다행스러웠지만 한편으로는 현지 공항의 운영 시스템에 대한 불신이 들었다. 에티오피아항공은 총 19시간을 운항한 끝에 하루를 넘긴 28일 오후 4시경에 인천공항에 무사히 도착하게 되었다. 시차가 7시간 늦어서 꼬박 28시간 걸린 셈이었다.

▲ 빅토리아폭포를 배경으로 포즈 취한 필자 부부

▲ 잠바브웨이 빅토리아공항의 야생동물 박제: "약육강식의 아프리카 스타일"

에필로그

아프리카 남서부지역 여행을 돌아보며

📍**남아공·나미비아·보츠와나·짐바브웨**

아프리카 여행은 쉽게 접근하기 어려운 곳이다.

첫 번째로 거리가 멀고 여행경비가 많이 들며, 둘째는 기후가 우리와 다르고 매우 넓은 지역을 다녀야 한다는 것, 그리고 치안이 매우 불안하다는 것 등이 장애요인으로 작용하고 있다.

제반여건과 현지 환경이 척박하고 접근하기에 쉽지 않은 지리적 요인을 지니고 있다.

'트럭킹 투어' 등 아프리카 전문 여행 프로그램을 선보이는 현지 노매드 여행사의 한국 파트너사인 '점프 아프리카'를 통해서 이런 난제들을 해소할 수 있었다. 그러나 진정한 배낭여행을 통해서 느낄 수 있는 성취감은 좀 덜하다는 느낌이었다.

트럭킹을 시작하면서 남아공 북부 지역과 대서양 해변을 따라 이동하며 나미비아에 입성하면서 고난의 여정이 시작되었다. 남아공 북부 산맥을 넘자 나타나는 나미비아는 대서양과 육지에서 불어오는 건조한 바람으로 거대한 사막 지역으로 이루어져 있었다. 일찍이 경험해보지 못한 사막에서의 험준한 여행을 경험해보았다. 나미비아는 사막 지형으로 오렌지강을 중심으로 채소와 포도를 재배하며 현지인들이 터전을 마련해 살아가고 있었다. 나머지 넓은 불모지에서는 원주민들이 염소 등을 기르며 어려운 삶을 살고 있었다. 또한 지구의 지각변동과 몇만 년에 걸친 환경변화로 캐니언과 모래사막·모래언덕·블래드와 같은 특이한 지형을 형성하고 있었다. 남회귀선을 통과하면서 펼쳐지는 나미비아 해안가는 대서양을 곁에 두고 있으므로 낮에는 뜨겁고 저녁에는 추웠다. 다양한 해양생물을 볼 수 있고 다양한 액티비티를 즐길 수 있었다.

내륙으로 들어오면서 황량한 사막의 비포장도로를 끝없이 달려야 했다. 그곳에 사는 원주민들을 만나게 되었는데 부시 맨 산(San) 부족을 만나 조금이나마 그들의 삶을 체험하게 되어 보람있었다.

야생동물들이 서식하는 에토샤국립공원에 들어서면서 사파리 투어와 야생동물들을 찾아보는 게임드라이브를 하며 아프리카의 빅5중 4종류와 각종 야생동물을 만날 수 있었다. 다시 남쪽으로 내려와 나미비아 수도 빈트후크에 도착해서 잠시나마 문명의 세계를 돌아보게 되었다. 이곳에서 북한과 나미비아가 동맹관계로 북한이 건축해준 랜드마크 전망대에 올라가 빈툭 도시를 감상하고 이동해서 칼라하리 사막을 달리며 야생동물들을 감상하면서 보츠와나에 입성하게 되었다. 보츠와나의 또 다른 부시 맨 산(San) 부족들의 문화생활을 체험하게 되었다.

보츠와나에 들어오면서 급격히 달라지는 기후에 모두들 적응하는 데 어려움을 겪었다. 더 뜨겁고 덥고 건조한 기후의 연속이었다. 보츠와나 여행의 중심지 마운에서 오카방고 델타 경비행기 투어에 참여해 넓은 물줄기의 강에 의지하여 함께 사는 많은 야생동물을 관찰할 수 있었다. 이어서 본격적인 2박 3일의 오카방고 델타의 초베국립공원 깊숙이 들어가 게임 드라이브와 사파리를 즐겼다. 콰이(Khwai) 자연보호구역에서 2박 하며 야생동물과 거친 환경을 생생하게 경험하며, 아프리카 빅5인 코끼리·사자·버펄로·표범·코뿔소 등의 귀한 동물들을 만났다. 그리고 야생동물들 약육강식의 현장을 생생하게 체험하게 되었다. 모래사막의 숲길을 거침없이 질주하며 아슬아슬하게 묘기를 선보이며 질주하는 게임 드라이브의 경험과 야생동물들이 있는 곳을 찾아내는 가이드들의 전문가적인 모습이 현장 체험에서 느낄 수 있는 또 하나의 묘미이었다. 어둠이 밀려오는 초베국립공원에서의 석양의 모습과 강가에서 포효하는 동물들의 생생한 울음 소리가 우리 일행을 긴장하게 했다. 모코로를 타고 오카방고 델타의 습지를 돌아보며 물가에 모인 야생동물들을 보며, 아프리카평원에 지는 노을을 보며 세상에서 흔히 보기 드문 안락한 평화가 그곳에 존재하는구나 하고 황홀경에도 젖었다.

보츠와나의 마지막 여행지인 카사네 마을에서 마신 시원한 맥주와 초베 강에서 크루즈 탐사에서 본 많은 동물들, 초베강과 넓은 습지에 한가이로 풀을 뜯고 있는 많은 초식 동물들과 강에서 포효하는 하마 무리, 저녁노을이 들자 한곳으로 모여드는 버펄로 떼들의 모습이 한편의 초대형 다큐멘터리 영화를 보는 것 같았다. 이어서 이번 아프리카 여행의 대미를 장식한 세계 3대 폭포가 있는 빅토리아 마을에서의 여행은 또 다른 아프리카 여행의 진면목이었다. 짐바브웨에 들어서면서 빅폴 마을 나무에 화사하게 핀 꽃들이 인상 깊었다. 여행 인프라가 잘 갖추어진 곳으로 넓고 아름다웠던 시워워터 빌리지에서 체류하면서 만난 한국인 현지 여행 가이드 모녀와 함께했던 2일간의 추억도 남달랐다. 빅토리아폭포와 다리를 걸어서 감상했던 것, 유명한 빅토리아 호텔에서 디너쇼와 아프리카식 만찬 과 민속공연, 빅폴 다리가 잘 보이는 카페 감상, 짐바브웨에서 가장 크고 오래되었다는 바오밥 나무을 보고 맛이 깊은 수제 맥주로 마지막 밤을 보내며, 꿈만 같았던 아프리카 여행을 안전하게 마치게 되었다.

가장 아쉬운 것은 함께 여행했던 16명의 다국적 여행자들과 3명의 스태프들과 언어 소통이 원활하지 못했던 것과 매일매일 텐트를 치고 걷는 불편함, 유럽인들 일부가 지닌 동양인에 대한 불편한 편견들, 사막에서 밤의 추위, 보츠와나에서 살인적인 더위 등이 편안한 여정의 걸림돌이 되었다.

그러나 이 조금의 어려움을 감수하고자 노력했으며 이겨내려고 누구보다도 씩씩하게 열심히 여행에 참여하며 잘 견디어냈던 것 같다. 아프리카 서남부 4개국 여행은 내 인생 여행에 또 하나의 잊지 못할 깊은 추억 여행이 되었으며, 행복한 여행이었다.

아프리카 남서부 오버랜드 트럭킹 투어

- 남아공·나미비아·보츠와나·짐바브웨 26일 오버랜드 트럭킹 배낭여행 -

인쇄·발행	2025년 5월 30일
지은이	고황기
펴낸 곳	글로벌마인드(주)
발행·편집인	신수근
편집디자인	고은아
등록번호	제2014-54호
주소	서울 관악구 관악로 105 동산빌딩 403호
전화	02-877-5688(대)
팩스	02-6008-3744
이메일	samuelkshin@naver.com
사이트	www.globalmindmedia.co.kr

ISBN 978-89-88125-66-3 부가기호 03930
정가 18,000원